构式语法理论视角下
不及物动词带宾结构研究
——以足部位移不及物动词为例

GOUSHI YUFA LILUN SHIJIAO XIA
BUJIWU DONGCI DAIBIN JIEGOU YANJIU

王明月 著

知识产权出版社
全国百佳图书出版单位
—北京—

图书在版编目（CIP）数据

构式语法理论视角下不及物动词带宾结构研究：以足部位移不及物动词为例/王明月著．—北京：知识产权出版社，2023.12
ISBN 978-7-5130-8991-3

Ⅰ.①构… Ⅱ.①王… Ⅲ.①汉语—及物动词—宾语—语法结构—研究 Ⅳ.①H146.3

中国国家版本馆 CIP 数据核字（2023）第 232729 号

责任编辑：李学军　　　　　　　责任校对：潘凤越
封面设计：刘　伟　　　　　　　责任印制：孙婷婷

构式语法理论视角下不及物动词带宾结构研究
——以足部位移不及物动词为例

王明月　著

出版发行：	知识产权出版社有限责任公司	网　址：	http://www.ipph.cn
社　址：	北京市海淀区气象路 50 号院	邮　编：	100081
责编电话：	010-82000860 转 8559	责编邮箱：	752606025@qq.com
发行电话：	010-82000860 转 8101/8102	发行传真：	010-82000893/82005070/82000270
印　刷：	北京建宏印刷有限公司	经　销：	新华书店、各大网上书店及相关专业书店
开　本：	720mm×1000mm　1/16	印　张：	12.25
版　次：	2023 年 12 月第 1 版	印　次：	2023 年 12 月第 1 次印刷
字　数：	220 千字	定　价：	92.00 元
ISBN 978-7-5130-8991-3			

出版权专有　　侵权必究
如有印装质量问题，本社负责调换。

目 录

1 绪 论 ··· 1
  1.1 选题缘起及研究意义 ·· 1
  1.2 汉语不及物动词带宾语现象相关研究 ·························· 2
    1.2.1 汉语动词是否存在及物与不及物之分 ····················· 2
    1.2.2 如何区分汉语中的及物动词与不及物动词 ··············· 4
    1.2.3 不及物动词前后的名词及其句法身份的认定 ············ 7
    1.2.4 不及物动词可以带何种类型的宾语 ························ 9
    1.2.5 针对某一类型的宾语所做的微观层面的考察 ·········· 10
    1.2.6 由归纳现象到探讨原因——不及物动词何以能带宾语 ········ 12
    1.2.7 足部位移不及物动词带宾语现象的相关研究 ·········· 15
    1.2.8 对已有研究的思考 ·· 16
  1.3 本书的研究 ··· 17
    1.3.1 研究对象 ·· 17
    1.3.2 研究重点 ·· 18
    1.3.3 理论背景 ·· 20
    1.3.4 研究方法 ·· 23
    1.3.5 语料来源 ·· 23
    1.3.6 相关符号说明 ··· 24

2 足部位移不及物动词带宾结构的句法语义特征 ············ 25
  2.1 足部位移不及物动词带宾结构的句法特征 ···················· 25
    2.1.1 足部位移不及物动词带宾结构各部分的构成及其句法性质 ····· 25
    2.1.2 足部位移不及物动词带宾结构的句法功能 ············· 45

2.2 足部位移不及物动词带宾结构的语义特征 ························ 48
2.2.1 不及物动词的原型性特征 ·································· 49
2.2.2 原型范畴与足部位移不及物动词的多义性 ················ 51
2.2.3 宾语的语义类型 ·· 53
2.3 本章小结 ··· 55

3 足部位移不及物动词带宾结构的构式分析 ······················· 57
3.1 足部位移不及物动词带宾结构的构式性与构式化 ············ 57
3.1.1 足部位移不及物动词带宾结构的构式性 ·················· 57
3.1.2 构式化过程 ·· 67
3.2 足部位移不及物动词带宾构式与组成成分的互动 ············ 68
3.2.1 戈德伯格对构式与动词互动关系的阐述 ·················· 68
3.2.2 足部位移不及物动词带宾构式与动词的互动关系 ······· 73
3.2.3 构式作用下宾语指称抽象化或类义化 ····················· 86
3.3 足部位移不及物动词带宾构式的家族类聚与承继联接 ······· 88
3.3.1 足部位移不及物动词带宾构式的家族类聚 ··············· 88
3.3.2 足部位移不及物动词带宾构式间的承继联接 ············ 95
3.4 本章小结 ··· 107

4 足部位移不及物动词带宾能力差异原因之探讨 ·················· 109
4.1 足部位移不及物动词带宾语的具体情况 ······················· 109
4.2 足部位移不及物动词带宾能力存在差异的原因 ··············· 113
4.2.1 动词的音节数量与带宾能力强弱的关系 ·················· 113
4.2.2 动词的使用频率与带宾能力强弱的关系 ·················· 115
4.2.3 主观性视角对动词所带宾语性质的影响 ·················· 120
4.3 本章小结 ··· 124

5 结 语 ·· 125
5.1 本书的主要内容 ·· 125
5.2 有待进一步研究的问题 ·· 130

参考文献 ……………………………………………………………… 132

附　录 ………………………………………………………………… 145
　　附录1　水平方向类足部位移不及物带宾构式用例 ………… 145
　　附录2　垂直方向类足部位移不及物带宾构式用例 ………… 179

后　记 ………………………………………………………………… 189

1 绪 论

1.1 选题缘起及研究意义

  动词在语言研究中始终占据着非常重要的地位。基于句法功能,现代汉语动词可分为及物与不及物两大类。按照早期的朴素认识,及物动词是指其后能够带宾语的动词,不及物动词则是指后面不能带宾语的动词。但是,随着语言自身的变化与发展,不及物动词后带宾语的现象越来越凸显,由此给已有语言研究理论带来挑战,同时也为研究的不断深入提供了不竭动力。早在新中国成立前,不及物动词带宾语现象便受到前辈学者的关注,如黎锦熙、吕叔湘、高名凯、王力等诸位先生对此都有相关论述。知名学者对这一问题的青睐引起后来人更为广泛的研究兴趣。顺势,不及物动词带宾语的相关问题成为汉语学界的研究热点之一。尤其是20世纪90年代以后,随着国外语言学理论的不断引进,学者们愈加注重借鉴相关理论来分析和解释汉语现象,这种研究思路使得汉语语言学界对这一课题的探讨也渐趋深入。由于该课题本身涉及面广,研究难度较大,因此仍有可供研究的空白点存在。

  通过对已有研究成果的梳理,我们发现,学者虽然重视对不及物动词带宾语现象的研究,但大多是把不及物动词作为一个大类进行笼统考察,缺乏根据不及物动词内部可以划分出不同语义小类这个特点对其进行更加有针对性的研究。对某一类不及物动词带宾语现象的考察,可从更加细致的方面深化对该类现象的认识。由于动词是一个非常庞杂的系统,进行穷尽性研究不具有现实性，根据施春宏（2017）提出的"我们不但需要形式的语法或结构的语法，同样需要或者目前更需要功能的语法或范畴的语法"，笔者决定从语义范畴着眼，选定不及物动词中的语义小类——"足部位移"不及物动词作为考察对象。选择此类动词的主要原因在于，以往"足部位移"相关研究的着眼点多为常用动词"跑"和"走"，同类其他成员鲜有提及，且注重考察动词自身，而较少考虑结构整体。而以阿黛尔·E. 戈德伯格为代表的构式语法理论，关注构式整体以及构式与组成部分的互动关系，为我们转换视角认识汉语不及物动词带宾结构带来新的思考与指导。从构式语法理论出发，对足部位移类不及物动词带宾结构所具有的构式特征以及构式与组成成分的互动关系、不同子类构式形成的家族类聚、构式间承继关系等问题的探讨，是以往研究中尚未涉及的角度。

1.2　汉语不及物动词带宾语现象相关研究

1.2.1　汉语动词是否存在及物与不及物之分

不及物动词相对于及物动词而言，这两个术语来自西方语法，与英语中的"transitive verb"和"intransitive verb"相当。然而，汉语毕竟不同于英语等西方语言，最显著之处便是没有丰富的形态变化，那么这种来自西方的动词分类是否适用于汉语，或说汉语中能否干净利落地划分出及物动词与不及物动词？对于这一问题，汉语语法学家，尤其是早期的学者有不同的看法。

其中一种观点认为，汉语中的动词不容易简单分为"及物"与"不及物"。例如，高名凯（1948）认为，汉语由于缺乏形态变化，其动词不能像现代印欧语那样，根据后边能否加介词以及能否带宾语来划分及物与不及物。因为，一方面"汉语本来就没有纯粹的介词"。另一方面，"首先，汉语没有具有形态变化的动词，其次，汉语具有动词功能的词既可以当作及物用，也可以当作不及物用，不若西洋语法之及物动词绝对不能没有宾语"。

陆志韦（1951）也指出："汉语中的动词不容易分'及物'跟'不及物'。"汉语动词中有"'及物'只'及'到主人翁的本身的，比如'我抹了腰了''他折了腿了'"，这"都是西洋的'不及物'的格式，然而在汉语里，

'及不及'的分别是分不出来的"。

胡附、文炼（1955）在考察汉语语言事实的基础上，指出根据带不带宾语把汉语中的动词分为及物与不及物两类并不符合汉语实际。他们主张按"两用"与"单用"性质进行划分：有的动词，带不带宾语可以自由，如"想""打""学习"等，这样的动词具有"两用性"，称为"两用动词"；而有的动词，如"来""去""跑""跳""逃"等，若无特殊情况，通常不能带宾语，特别是受事性宾语，这样的动词具有"单用性"，称为"单用动词"。

黄盛璋（1958）首先指出了马建忠、黎锦熙和陈承泽三位先生在对及物动词与不及物动词所做区分上存在的问题。然后，提出了自己的"新办法"——"三分法"，即主张将汉语中动词分"三分"而不是"二分"：一类为"连宾动词"，后面必须带宾语；一类为"缺宾动词"，后面不能带宾语；还有一类是可带可不带的，而这些"不必另立专名"。这种方法实则也是否定了汉语能够划分出及物动词和不及物动词。但问题是，那些据该作者统计占了大部分比例的可带可不带的动词又算作什么？它们在什么样的情形下可以带宾语，又在什么条件下不可以？若这些问题得不到解决，这种三分法的实用价值也就很有限了。

还有一类观点是虽然对两类动词作出区分，但态度又不十分坚定。王力（1944）区分了动词的及物与不及物，但又指出："中国的介词是很缺乏的，尤其是在现代一般口语里，几乎找不到一个真正的'介词'。这样及物与不及物就很难分别了……""及物与不及物的分别，在中国语法里，并不是重要的。这种'不重要'性就寄托在介词的缺乏上。"这与高名凯先生的看法相似。但是类比西方语法仅仅根据"介词"的纯粹与否来否定汉语中的及物与不及物，似乎有失公允，毕竟汉语语法与西方语法存在根本上的不同。

当然，多数学者还是主张这两类动词在汉语中的区分是可能的，而且也是必要的。例如，马建忠（1898）将及物动词与不及物动词叫作"外动字"与"内动字"，黎锦熙（1924）则将这两类动词分别称为"外动词"和"内动词"。此外，陈承泽、杨树达、任铭善、吕叔湘、朱德熙、胡裕树等前辈学者也均主张汉语中能够区分出及物动词与不及物动词。这些学者的观点对日后的研究产生了重要影响，汉语中能够划分出及物动词与不及物动词是当今汉语语言学界的主流观点。

1.2.2 如何区分汉语中的及物动词与不及物动词

汉语动词能够进行及物与不及物的区分在学界已基本达成共识，随之而来的关键问题便是如何将这两类动词区分开。具体的区分标准，不同研究有不同的结论。根据胡裕树、范晓（1996）的总结，学者所持的区分标准不外乎三条："意义标准""形式标准""意义和形式相结合标准"。

1. 意义标准

这种区分标准多为早期汉语研究者所使用，以马建忠（1898）和黎锦熙（1924）为代表。马建忠指出："一其动而仍止乎内也，曰内动字；一其动而直接乎外也，为外动字"，"故凡外动字概有止词，而其意始伸，以其行必及乎外也。内动字皆无止词，以其行之不同乎外也"。黎锦熙认为，外动词是"动作影响，外及他物"的动词，而内动词则是"动作表现，内正自身"的动词。此类单纯从动词自身的意义出发区分及物与不及物的做法受到不少学者的诟病，如陆俭明（1991）指出："按逻辑标准，世界上各种语言里动词及物不及物的区分应该是一致的，可是事实不是这样。逻辑上'射及他物'的动词不一定能带宾语，如革命、专政，逻辑上不能'射及他物'的动词却可以带宾语，如睡大床。另外，'凝集自身''射及他物'含义不清楚，如'唱民歌'是他物吗？"意义标准的主观随意性较强，不好把握。而且，动词及物与不及物的区分是语法的分类，不能单纯从逻辑语义角度来说明。因此，汉语研究者又开始寻求其他比较客观的标准。

2. 形式标准

这主要是指动词带宾语的情形，持这一主张的学者较多。例如，王力（1943）指出："动词后面必须带着目的位者，我们叫它及物动词；动词后面可以不带目的位者，我们叫它不及物动词。……不及物动词后面如果带目的位，这动词即变为及物的；及物动词后面不带目的位，若非在承说法中，这动词即变为不及物的"。吕叔湘、朱德熙（1952）认为："一般地说，有宾语的动词，我们说它是及物的；没有宾语的，我们说它是不及物的。但是及物动词不一定老跟着一个宾语，比如，'写'本质上是及物的，在'大家来写'这一句里就没有带宾语。跟这个相反，平常不及物的动词有时候也能带宾语，例如

'坐车'和'站岗'。"但是李临定（1990）指出："我们认为，凡是不能带宾语的都是内动词，凡是能够带宾语的（不管哪一类宾语）都是外动词。这是简便可行的办法，这样就不存在'不及物动词'带宾语的问题，因为它只要带了宾语，便是外动词，而不能再是内动词。"陆俭明（1991）也认为："凡是能直接带宾语的动词是及物动词，凡不能直接带宾语的动词是不及物动词。"李临定、陆俭明二位先生的主张是彻底的形式标准，但这一标准会把一批典型的、公认的不及物动词划分到及物动词中去，如"来、去、上、下、飞、站"等，都因为它们能带施事、处所等宾语而被看作是及物动词。二位学者给出了一个范围极广的及物动词的类，由于汉语"宾语"的内容十分庞杂，若不对这个范围极广的及物动词所带宾语的类型加以区分的话，那么这一分类内部恐怕会有不少形式上的差异，导致其繁杂而无规律可循。认识到这一点，学者主张应进一步根据两类动词所带宾语的类型进行及物与不及物的区分。宾语的类型，也即宾语意义的归类，这样的区分实则是意义和形式两种标准的结合。

3. 意义和形式相结合的标准

将意义标准和形式标准结合起来判定动词的及物与不及物，在以往的研究中可分为两种情形。

（1）意义标准和形式标准并重。这里的"意义"是指动词本身所表示的意义，而"形式"则指动词所具有的语法特征。此观点以潘汞（1958）为代表。该文从"词类是词汇—语法范畴"的认识出发，认为划分及物与不及物动词应该使用意义和语法两个标准。"意义标准"是看动词所代表的动作是"内凝"的还是"外射"的；而"语法标准"则是看动词后能否带宾语、动词能否构成被动式、动词前能否加"所"以及动词是否可以做"遭受"类与"进行"类等动词的宾语。"根据这几个标准的配合，我们就可以划分汉语的内动词和外动词。"但事实并非如此简单，这样区分首先要面对的是在具体的运用中意义和形式如何统一的问题；而且仅就形式标准的第一条而言，就存在与意义标准相抵触的情况。比如，"我觉得自己很漂亮"，动作是"内凝"的，但"觉得"却是及物的；而"革命"，动作的发出必然涉及外物，即动作是"外射"的，但它往往不带宾语。

（2）形式标准为主，同时考虑宾语自身的意义类型。这种区分标准首先看动词是否带宾语，然后再看它带什么性质的宾语。20世纪80年代后的文献不少是以此为依据对这两类动词加以区分的。赵元任（1979）认为："我们区分及物动词和不及物动词不是按照能否带宾语来区分，而是按照能够带什么样种类的宾语。不及物动词只能带自身宾语，以及可以倒过来做倒装主语的宾语。反之，及物动词可以带任何宾语。"这里的"自身宾语"和"倒装主语宾语"主要指以下几类：第一，表示动量、时量的自身宾语，如"哭了一天""跑了几趟"；第二，行动的目的地，如"来这儿""走江湖"；第三，行动的出发地，如"上船""下山""出院"；第四，表示存在的"倒装主语"，如"地下睡着两条狗""墙上挂着一幅画儿"；第五，表示来到和出现的"倒装主语"，如"来了一位客人""跑进来两个贼"；第六，表示离开和消失的"倒装主语"，如"跑掉了两个贼""走了水了"。朱德熙（1982）也提出："及物动词和不及物动词的区别在于所带的宾语不同。不及物动词只能带准宾语，及物动词除了带准宾语外，还能带真宾语。"这里的"准宾语"包括"表时量、动量或程度的宾语，表运动终点的处所宾语和表示存在、出现或消失的存现宾语。"吕叔湘（1980）则依据动词后能否带受事宾语来进行及物与不及物的区分：及物动词是可以带受事宾语或不太典型的受事宾语的动词，不及物动词则是不能带宾语和不能带受事宾语的动词。刘月华等（2001）也持此类观点。

胡裕树（1981）则把不及物动词所带的宾语限定在"施事"上，文章指出："不能带宾语的动词和能带施事宾语的，通常叫不及物动词"。张斌（2004）对此做了进一步解释："不及物动词也可以分为两种：一种是不能带宾语的动词，即典型的不及物动词，比如：咳嗽、睡觉……再一种是可以带施事宾语的动词，比如：来、去……"温颖（1987）也从意义和形式相结合的标准对动词进行了及物与不及物的区分。文章对及物动词的界定为"表示某一主体的行为、动作、运动、心理活动、生理状态的动词，必须直接作用、影响、涉及另一表示客体的名词性成分，而且如果不存在该表示客体的名词性成分则该动词的语义就不完整、不清楚，甚至该动词也不能独立存在，这样的动词是及物动词"，并指出这样的动词能生成"施+及+受""受+施+及""施+受+及""施+及""受+及""及+受"六个句式；不及物动词是"表示某一主体的行为、动作、运动、心理活动和生理状况的动词不直接作用、影响、涉及另一表示客体的名词"，它能够形成"施+不及"和"不及+施"两个句式。这些鉴别框架虽有形式依据，但动词的定义以及施事、受事等关系则是从语义角度界定的，而且这些语义关系也不可能覆盖现代汉语中所有的语义关系类别。

范晓（1991a）在对现代汉语动词带宾语的情况进行全面调查分析之后，提出了一种新的分类标准，即根据典型句式（意义自足的主事主语句）里谓语动词能否带宾语来区分动词的及物与不及物，也即"主事主语句中谓语动词如果没有特定的条件必须带宾语的是及物的，谓语动词不带宾语就可以构成意义自足的主事主语句的是不及物的"。这种主张与以上学者略有不同，这是依托于动词带或不带宾语而形成的结构整体是否具有自足的意义来进一步判定动词及物与否。这种方法更具有可操作性，也更加符合汉语母语者的认知经验。不过，"主事"及"主事主语句"所包含的具体对象，不同的人可能会有不同的界定，这便有可能给动词及物与不及物的区分带来争议。

总而言之，"意义和形式相结合"的标准较之单纯依靠"意义"或"形式"标准来区分现代汉语及物动词与不及物动词更加符合汉语实际，也更易于操作。因为，这种标准首先肯定了及物动词与不及物动词的区分是语法角度的分类，单纯依靠意义不能解决所有问题，最终还是需要得到形式的检验；但同时又认识到了意义在两类动词区分上所发挥的作用，没有对其全盘否定。而且即使完全根据形式上能否带宾语对两类动词加以区别，最终仍要厘清"宾语为何"。也即，对宾语的界定，除去形式上的依据，意义方面的考虑也不可忽略，将两者结合起来衡量更加合适。

1.2.3 不及物动词前后的名词及其句法身份的认定

汉语及物动词与不及物动词的区分之所以有纠葛，有不同的标准，关键在于两类动词表现出的特殊性：及物动词后的某些宾语经常可以省略，而不及物动词又有很多可以带某些类型的宾语。"宾语"的有无及其性质问题成了两类动词区分的核心所在。仅就不及物动词而言，其后所带成分（主要是名词性成分）"宾语"身份的认定便经历了一番热烈的讨论。正是这种讨论，奠定了学界普遍认可汉语中存在不及物动词带宾语现象这一共识的基础，对日后更为广泛、深入的研究产生了重要影响。这种讨论主要是指发生在20世纪50年代的主宾语问题大讨论。

吕叔湘（1942）在讨论起词和止词时，注意到了"两种特殊的二成分句"，即甲类是"只有起词和动词而起词在后的"，乙类是"只有动词和止词的"。这两类句子中动词后的名词性短语"对于动词虽有起词和止词的分别,对于句子则同为主语"。吕叔湘先生所说的甲类二成分句,就是今天所说的不及物动词带宾语的句子,但他当时认为不及物动词后的名词性成分是主语,而非宾语。

丁声树等于1952—1953年在《中国语文》上发表《语法讲话》,主张应该依据结构位置确定主语和宾语,进而提出把动词前的名词性成分视为主语、动词后的名词性成分视为宾语。1954年,人民教育出版社着手拟订"暂拟汉语教学系统"时,把存在句前面的处所词看作状语。之后,在1955—1956年语言学界展开了一场关于主语宾语问题的大讨论。讨论中,学者引用的经典例子是人们所熟知的"台上坐着主席团""王冕死了父亲"等,而争论的焦点是动词前后的两个名词性成分哪个是主语哪个是宾语。

首先,对于"台上坐着主席团"等处所词语位于句首的句子,根据陈庭珍(1957)的总结,当时具有代表性的观点集中起来主要包括以下几种:(1)王力(1956)认为,这类句子是附加语提前主语退后的倒装句,应该分析成"附—动—主"。(2)高名凯(1956)认为,这类句子是无主句,应该分析成"附—动—宾"。(3)黎锦熙(1955)认为,这类句子是处所词(词组)做主语的主谓谓语句,谓语部分的主谓结构主退谓后,所以应该分析为"主—谓(动—主)"。(4)邢公畹(1956)、洪心衡(1956)、徐仲华(1956)、颜景常(1956)等则认为,这类句子是处所词(词组)做主语的句子,应分析为"主—动—宾"。

可见,对于处所名词位于句首的存现句,有的学者将句首处所名词看作是附加语,有的则看作为主语;对于动词后的名词性成分,有的学者将其分析为主语,有的则视为宾语。也就是说,那些认为动词后名词性成分为主语的主张,实际上否定了不及物动词可以带宾语的说法。不过,相比之下,将动词后的名词看作宾语、句首名词看作主语的观点为多数,在讨论中最终占了上风。

其次,对于"王冕死了父亲"这种动词前后两个名词具有领属关系的句式,学者围绕其中名词性词语的句法身份展开了讨论。

曹伯韩(1956)认为,在"王冕七岁上死了父亲"这个句子中,"死了父亲"这个子句(句子形式)起了表语的作用。它不是叙述主语"王冕"的行为,而是描写有关"王冕"的情况,因此"王冕"不是"死"的"施动者",该句的结构应分析为"大主—谓—小主"。邢公畹(1956)则指出:"'王冕七岁上死了父亲'，依照语法上的分析，'王冕'是名词，在动谓词前，跟动谓词及其宾语发生了主谓关系，成为谓语所说明的主题事物，所以是主语；而'父亲'在动谓词'死了'之后，使动谓词的意义更具足，所以是宾语。"认为该类句子中动词前的名词是主语，动词后的名词是宾语的还有王宗炎（1956）、李人鉴（1956）、任铭善（1956）等。

总之，在此次大讨论中，不论是处所名词位于句首的存现句，还是前后两个名词有领属关系的句子，虽然在不及物动词后的名词性成分是否为宾语的问题上学者曾有所分歧，但最终将其认定为宾语，从而使承认汉语中存在不及物动词带宾语现象的观点占据了优势地位。这一结论深刻影响了后人的看法，使其能够在此基础上对不及物动词带宾语现象进行更加深入的探索。

1.2.4 不及物动词可以带何种类型的宾语

不及物动词后名词性词语的宾语身份在20世纪50年代的大讨论中最终得到确认，这也意味着学者在汉语不及物动词可以带宾语这一点上基本达成了共识。不过，具体可以带何种类型的宾语，各家仍有不同的看法。

赵元任（1979）认为不及物动词只能带"自身宾语"以及"倒装主语宾语"；朱德熙（1982）指出不及物动词只能带表时量、动量或程度，表处所或表存现的"准宾语"；吕叔湘（1980）、刘月华（2001）认为不及物动词要么不能带宾语，要么只能带不太典型的非受事宾语；胡裕树（1981）、张斌（2004）认为不及物动词要么不带宾语，若带的话也只能带"施事"宾语；李临定（1983），陈建民（1986），鲁川、林杏光（1989），鲁川（1994），孟琮等（1999）对动词（包含不及物动词）后名词性宾语的语义类别进行了更为细致的划分，列出了多种宾语语义类型。

范晓（1991b）通过对语义角色的深入研究，对传统所说的"施事"做了更为细致的区分，并提出了"主事"这一概念。"主事"下分为施事、系事、起事三种语义角色。李杰（2004）在此基础上将各类型句子中的宾语统称为"主事宾语"，并对不及物动词带主事宾语句进行了研究。

郭继懋（1999）、徐盛桓（2003）、任鹰（2000）、张云秋（2004）等，在探讨不及物动词带宾语的相关问题时，虽未明确提及可带宾语的语义类型，但从文章中的例子来看，不及物动词后可出现的宾语类型包括处所、工具、方式、结果、施事、原因、目的等；邢福义（1991）将及物动词所带的非常规宾语称之为"代体宾语"，这种说法也适用于不及物动词带宾语的情况。

总体来看，自赵元任等诸位先生对不及物动词所带宾语类型的探讨始，至当代汉语研究者对这一问题的关注，可以发现，在不及物动词所带宾语的类型上，学者似乎遵循着一个共识，即不及物动词可以带"受事宾语"以外的多种类型的宾语，也即可带"非受事宾语"。然而，"非受事宾语"具体包含哪些对象，各家又众说纷纭。这也许与将不及物动词看作一个笼统的大类，而在实际研究中又往往试图通过对少数动词的考察得到具有普适性结论的研究方法有关。毕竟现代汉语中的不及物动词为数并不少，而且其内部情况也并不单一，若不加区分而只是用某些常用动词来代替所有不及物动词，所得结论不一致也就不难理解了；而且不同动词有不同的特点，它们对宾语的选择也必然带有各自的特性并制约着可搭配宾语的类型。因此，面对复杂的动词和宾语，难以得到一个全面而有概括性的类型清单。不过，复杂并不等于没有办法研究，我们认为，通过对不及物动词进行分门别类的考察来观察它们对宾语的选择限制，也许能够为汉语不及物动词带宾语规律的探索提供一条可行的途径，本研究所做的也正是这样一种尝试。

1.2.5 针对某一类型的宾语所做的微观层面的考察

除了理论层面、宏观层面的探讨，研究者亦从某一/某些具体宾语着手，对不及物动词带宾语现象进行微观层面的细致考察。

通过对文献的梳理发现，及物动词带处所宾语结构备受研究者关注，相关成果也最多，如朱德熙（1982）、郭熙（1986）、孟庆海（1986）、邢福义（1991）、史有为（1997）、郭继懋（1999）、王秀珍（1999）、任鹰（2000）、刘丹青（2001）、张云秋（2004）、储泽祥（2005）、宗杉（2006）、徐靖（2009）等。不论专门研究还是顺带提及，对于此类现象，学者做了诸多有益的探讨。例如，郭继懋（1999）通过对"飞上海"等结构的表义规律、结构性质等的研究，指出这种不及物动词带宾语现象在事理关系上含有一个语义成分"谓"，当按照事理关系将这个未得到表现的"谓"补充出来时，不及物动词带宾结构便可以得到常规解读；宗杉（2006）则以格语法和管约论为指导，分析了"动词+处所宾语"结构的范围、生成机制及句法语义功能等问题，指出"飞纽约、逛商场、钻胡同、跑医院"等不及物动词带宾结构的形成是宾语化和前置词删略的结果，宾语移位的动因是语义上显要度等级的提高和语用上焦点化的要求；徐靖（2009）分析了"走、逛、飞"等移动样态动词带处所宾语结构，根据处所宾语具体的语义内涵，将该结构的语义功能划分为表示有目的的移动（"逛商场"）和移动的方式（"走小路"）两类，并指出了二者的关联性。

除处所宾语外，还有其他宾语类型的研究。

张伯江（1989）对施事宾语句进行了考察，经过比较后指出，及物动词带施事宾语很受限制，往往有固定的格局，而不及物动词带施事宾语句则显得更为自由。

叶川（2005）对"动词+目的宾语"结构进行了研究，指出不及物动词的宾语也可以分为常规宾语和代体宾语。在"不及物动词+目的宾语"中，"奔张票""跑片子""考驾驶证"等中的宾语归为"代体目的宾语"范畴，其成员有典型与非典型之分。这样的结构，从语义角度分析具有凸显动作行为目的性的作用，从语用角度分析则具有凸显信息焦点的功能。

张云秋（2004）对材料宾语、工具宾语、方式宾语、处所宾语以及动机宾语进行了考察。这几类宾语"由于处在（S-）V-O格式中，受到格式义尤其是动词意义的影响而在结构式中获得了一定的受事性"，因此，"根据语法范畴的分类标准，它们也应该看作为'受事宾语'"。王丽彩（2010）通过对方式宾语的研究，认为张云秋的分析并不妥当。虽然某些类型的方式宾语确实具有受动性，但动作对宾语产生影响的同时，宾语也在规定着动作如何进行。而且，对不及物动词带方式宾语的结构而言，更谈不上动作对宾语产生了影响。所以，没有必要将方式宾语纳入受事宾语范畴中去。

童蕾（2008）借助"三个平面"理论，对现代汉语"动词+工具宾语"结构进行了研究。文中涉及不及物动词带工具宾语现象，讨论了动词与工具宾语在句法、语义、语用上表现出的一些对应规律；张月（2008）也在"三个平面"理论的基础上结合认知语言学的有关理论对现代汉语中的对象宾语进行了考察，探讨了可以带对象宾语的动词所具有的规律、特点以及对象宾语的原型性特征。

金平（2010）对不及物动词带与事宾语现象进行了研究，指出与事是一个十分宽泛的概念，可以分为共事和当事，并对不及物动词带与事宾语句实现的条件以及句式产生的语用动因进行了剖析。

匡芳涛、曹笃鑫（2013）借鉴构式语法的构式压制理论对英语不及物动词带同源宾语句式进行了考察，指出英语同源宾语构式是一种特殊的单宾语构式，是在表达"致使—存在"的单宾语构式压制下获得合法性的。由于词汇压制的存在，含有非作格动词的同源宾语构式既能表达方式意义又能表达结果意义，而含有非宾格动词的同源宾语构式只能表达方式意义。同源宾语构式对其组成部分具有选择限制作用，而修饰语对动词概念结构的凸显方式决定了构式解读为方式义或结果义，这体现了组成部分对构式的语义压制作用。

刘琦（2013）在构式语法理论框架下对单宾构式的承继特点进行了探讨，其中与不及物动词带宾语有关的讨论涉及不及物动词带处所宾语、工具宾语、方式宾语和动机宾语等现象。作者应用"动本构式"和"超动构式"的概念，就不及物动词所带各类宾语结构从这两个角度进行了分析，论述了"动本构式"与"超动构式"的互动整合过程。

以上是汉语研究者就某一/某些类型的宾语所做的多角度研究。这些研究成果体现了现代汉语不及物动词带宾语现象的复杂性，也深化了我们对该类现象的认识。与此同时，尤其是 20 世纪 90 年代以后，研究者不仅关注不及物动词可以带何种类型的宾语，更关注它们为何可以带这样的宾语。由此，对于原因的探讨逐渐成为研究的热点。

1.2.6 由归纳现象到探讨原因——不及物动词何以能带宾语

20 世纪 90 年代以后，学者对不及物动词带宾语现象的研究，不仅视野有所拓宽，尽可能广泛地发掘不及物动词带宾语形成的各种结构，而且还注重运用西方语言学新理论、新方法来探讨该结构在语言中存在的理据。

沈阳（1995），徐杰（1999），温宾利、陈宗利（2001）等从生成语法角度对不及物动词带宾结构进行了研究，都认为"王冕死了父亲"和"台上坐着主席团"这样的结构分别是由"他的父亲死了"和"主席团坐在台上"这两个深层结构中的名词短语移位生成的；胡建华（2008）认为这样的分析存在解释力"过强"或"过弱"的问题，其文章从动词移位和句法与信息结构的接口角度，对此类结构的生成过程进行了重新分析；刘晓林（2004）从形式语言学的逻辑式、句法层、赋格论等角度对不及物动词带宾语进行了分析与解释；朱行帆（2005）则借鉴轻动词理论解释汉语不及物动词带宾语现象，指出不及物动词需要借助一个 experience 的轻动词才能够选取主宾语两个论元形成"主语—不及物动词—宾语"结构；刘探宙（2009）指出，汉语的非作格动词也可以带宾语，这种结构主要表达强调数量的计数意义，它同非宾格动词计数句拥有相同的句法意义、形式构造以及生成过程，这一事实打破了判别两类动词的句法标准，并由此对汉语中区分非宾格动词和非作格动词的必要性提出了质疑；孙天琦、潘海华（2012）则认为刘探宙发现的现象并不影响汉语中存在非宾格动词和非作格动词对立的结论，因为"所谓的非宾格动词和非作格动词都可以带宾语，其实是两个不同层面的现象，混同处理并不合适。而所谓的'宾语'在表层结构上并不占据逻辑宾语的位置，而是一个从主语外置的焦点位置"。

以上是汉语研究者借助生成语法相关理论对不及物动词带宾语现象生成过程的解析。除此之外，还有功能视角的探索。

戈德伯格（1995）在对英语不及物动词带宾语现象进行研究时，运用构式语法理论对其存在的合理性进行了论证，例如，"Pat sneezed the napkin off the table"，她认为 sneeze 作为不及物动词却直接带了宾语 the napkin，这是构式压制的结果，即在构式义作用下不及物动词获得了额外论元，形成不及物动词带宾构式；吴琼（2006）也认为汉语不及物动词带宾结构的产生是构式压制的结果，但对于如何压制并未结合研究对象做进一步说明；沈家煊（2000）也从构式角度出发对动词的论元结构进行了研究，提出了句式配价的思想，认为不及物动词带宾语现象是句式配价的要求，句式的整体意义决定了动词所带论元的数目；吕建军（2013）则依据构式语法的传承观，探讨了"王冕死了父亲"这一构式的归属，文章从句首有生词语的处所性转喻、动词与构式义之间的关系论证了将该句式归为存现句的理由，并在此基础上提出了汉语存现构式的范畴。

除构式语法视角的研究，还有认知角度的探讨。

刘正光、刘润清（2003）认为，不及物动词带宾结构是非范畴化弱化了及物与不及物之间的区别，也就是及物性原型特征的消失使及物与不及物从及物性连续体的两端接近了连续体的中间状态，使得不及物动词带宾语成为可能。但究竟是什么原因促成了动词在及物性和不及物性之间的转换却没有说明。李华勇（2012）也从去范畴化角度讨论了 Vi + NP 构式的相关问题，认为语言使用中的"去范畴化"是导致不及物动词带宾结构向及物动词带宾结构不断趋近的内在动力。

谢晓明（2004）运用认知语言学的"图形/背景"理论解释现代汉语不及物动词带宾语现象，不及物动词带宾语现象产生的原因在于后景由于背景的缺省而得到凸显，提升为背景；王珍（2006）运用概念整合和语法整合理论对汉语中不及物动词带宾语现象产生的认知基础进行了解释，并一进步分析了该类现象在句法上能够得到实现的理据；黄洁（2009）则从认知语言学"意义的动态识解观""概念转喻""概念隐喻"理论出发，探讨了不及物动词带宾结构的认知机制及动宾搭配规则。

此外，郭继懋（1999）、徐盛桓（2003）从事理或常规关系角度对不及物动词带宾语现象加以解释。郭继懋认为在不及物动词带宾结构中包含着一个隐而未显的"谓"成分，这个"谓"代表的是动词与宾语之间的事理关系；徐盛桓则借助"句式结构常规关系分析理论模型"，利用动作与事物相互选择所依据的常规关系来解释不及物动词能够带宾语的原因。

芜菘（2002）认为不及物动词带宾语现象的出现是词义和语法规则随着社会发展而变化的结果，是语言向着经济简练方向发展的一种趋势；刘晓林（2004），张云秋、周建设（2004）也认为，不及物动词带宾结构产生的主要原因是语言追求"经济"的结果。

李杰（2004）对现代汉语不及物动词带主事宾语句进行了研究，将构式语法理论和生成语法的轻动词理论结合起来解释不及物动词带主事宾语句式产生及存在的理据。其文章有独到的见解和大胆的假设，但是，认为轻动词体现甚至规定了句式意义值得商榷。

总之，对不及物动词带宾语现象原因的探讨，既有生成语法角度的解释，也有功能视角的探索。各种理论在解释上既有其合理之处，也有一定的不足。有的研究者借鉴生成语法中的"轻动词"理论或者假定存在一个抽象动词等来解释不及物动词带宾结构的生成机制，然而这些假定成分的设立需要有充分合理的证据；郭继懋（1999）等从事理关系或常规关系寻求该结构存在的合理动因，这其实是在了解了结构整体含义之后再根据结构所表达的关系补充出相应"隐含成分"的做法，可以看作是一种事后行为，而且这些补充完整的结构，其意义与相应的不及物动词带宾结构也有所不同，更何况还有很多不及物动词带宾结构根本无法补充出"隐含成分"，如"哭长城"等，这在一定程度上削弱了该理论的解释力。但无论如何，前人所做的探索将不及物动词带宾语现象的研究又推进了一步，向着追求语言研究的最高目标——解释——的充分性不断靠近。

1.2.7 足部位移不及物动词带宾语现象的相关研究

关于足部位移类不及物动词带宾语现象的专门研究，相关研究成果相对较少，主要包含以下内容。

王迎春（2006）从英汉对比角度，以词汇语义层面为立足点，应用义素分析法对英语和汉语脚部动作动词义位表现出的共性和差异进行了深入细致的分析。其文章将汉语脚部动作划分为七个基本义场，每个义场下又包含数目不等的小类，其中既有及物动词也有不及物动词，这种分类对我们确定足部移位不及物动词的考察范围起到了一定的参考作用。

李金兰（2006）对现代汉语中的身体动词进行了研究。文章以认知语言学理论为框架，对身体动词的性质特点等进行了较为细致和系统的描写与分析。文中所考察的动词也涉及足部位移不及物动词，但出现的数量并不多，也未将其单独立类进行专门讨论。

孟丽（2008）在李金兰一文的基础上选择了身体动词的一个小类——腿部动词进行研究。文章指出，腿部动词不仅包括人的腿部器官发出的具体动作或所具有的状态，还包括脚部器官的相应动作或状态，因此，将"踢""踩""踹""跑""跳"等都归为腿部动词。对此，我们有不同的看法。我们承认这些动作的发出与腿部器官密不可分，但是就运动行为的凸显部位来看，应该是在足部，所以，将它们归入足部位移动词更为确切。

张志军（2008）从词典释义角度对俄汉两种语言中的腿部动词和脚部动词在语义场内的义位进行了对比分析，得出了相关结论。我们同意将腿部动词和脚部动词进行分类考察的观点，认同将"走""跑""迈""登""爬"等动词归为脚部（足部）动词的归类方法。

杜嘉雯（2010）基于《现代汉语词典》（第5版）的释义，利用"词义成分—构成"分析法对现代汉语常见的足部动词"跑""踩""跨""跳""爬"等的语义特征进行了分析，指出足部动词主要的语义特征是"自主"。

综上可见，现代汉语足部位移动词的研究成果数量并不多，在这为数不多的成果中，研究者主要是从微观角度对足部动词的语义特征进行了描写与分析。当然，也有借鉴论元结构理论、认知语言学的相关理论等对该类动词进行的较为深入的考察，但遗憾的是并没有区分腿部动词和足部动词，而是将二者合并做了笼统分析。我们认为，足部动作和腿部动作从生理角度来看确实密不可分，但是从语言研究的角度考虑，它们对动作发出器官的侧重还是有所不同的。因此，从语言研究的精细化要求出发，足部动词有必要单独立类进行专门考察。

另外，已有的研究未将足部动词从及物与不及物角度进行分类分析，更没有结合语料用例研究该类动词后带宾语的情况及其他相关问题，这一部分的研究尚待填充。故而着眼于足部位移不及物动词，并借鉴构式语法理论对其带宾语现象展开研究有其必要性。

1.2.8 对已有研究的思考

不及物动词带宾语现象相关研究已取得了丰硕成果，但由于这一课题本身的复杂性，相关研究仍有进一步挖掘的空间。

1. 以往研究中，多数学者倾向于把不及物动词作为一个大类进行笼统的、整体性考察，而缺乏针对不及物动词本身的复杂性展开细致的分类研究

即使后来汉语研究者开始注意到不及物动词可以根据其语义特点进行分类考察，如已有的关于足部或腿部等不及物动词的研究，但这也是与该语义类及物动词混合在一起，并主要就动词的语义特征等进行的描写，没有对足部或腿部义不及物动词展开专题性研究。由此来看，足部位移不及物动词相关情况的考察有进一步讨论的必要性。

2. 关于不及物动词带宾语现象的研究，前人在语料调查、使用方面还可以进一步丰富

多数研究者所用的动词及相关例句往往是一些常见的、较为固定的几个类别，如"台上坐着主席团""王冕死了父亲""来了客人""飞上海"等，这些几乎成为研究该问题的经典例句。由此带来的问题是从这些耳熟能详的动词及例句中得到的结论是否适用于所有不及物动词？除了这些常见动词，其他不

及物动词能否带宾语？能带何种类型的宾语？又该如何解释这些现象？这些问题都需要在实际语料中具体分析，以保证结论的可靠性。

3. 在对不及物动词带宾语现象存在理据的探索中，有以构式语法为理论基础进行的阐释，但其中也存在一些问题

比如，一些研究者尝试将构式语法理论与生成语法的理论结合起来探讨具体语言现象。这是理论探索的大胆尝试。但我们仍旧存疑，首先，构式语法理论主张"单层语法观"，不承认语言中存在"深层结构"与"表层结构"，因此，"转换""移位"等在构式语法理论框架中是否合用，值得商榷。其次，构式语法理论秉承"所见即所得"的语言观，不承认语言中存在看不见的成分，如"轻动词"等。这样的话，把有所对立的两种语言观结合在一起，并用"轻动词"来解释句式义的来源，值得进一步讨论。此外，也有研究者从构式压制方面对不及物动词带宾结构加以分析，但构式压制理论以及具体的压制过程论述不够详细。

已有研究成果对本书的探索具有重要的参考意义，但鉴于尚存在的问题，从构式角度研究足部位移不及物动词带宾结构仍有深入拓展的空间。

1.3 本书的研究

1.3.1 研究对象

本书的研究对象是足部位移不及物动词，因此所研究动词的侧重点不仅是"足部"，还在于能够产生位移变化，故诸如"站""踏""踩"等，虽与足部动作有关，但动作的发出并未导致位移产生，并非本书的考察对象；再如"倒""栽""摔""跌"等，虽也与足部有关且动作发出会产生某些位置变化，但这种变化偏重指整个身体位置相对静止的改变，而不是由于足部的位移动作导致行为主体位置的显著变化，所以它们也不是足部位移动词；至于那些具有足部位移特点但不能后带宾语的不及物动词亦不在考察范围之列，如"跛""趔""徘徊""信步"等。

本书要研究的是足部位移不及物动词，除了界定清楚足部位移动词，对此类不及物动词的寻找更是关键。关于不及物动词的界定，前辈学者有诸多论

述，笔者在借鉴其研究成果的基础上，根据观察和思考提出了本书对不及物动词的认定方法，在第 2 章会作详细说明。依据不及物动词的判定标准并借助孟琮等（1999）、梅家驹（1983），参考《现代汉语词典》（第 7 版）（以下称《词典》）相关词条，最终确定符合考察要求的 30 个足部位移不及物动词。依据其位移的方向性分为两类：（1）水平方向类：跑、走、遛（liù）、迈、爬、奔（bèn）、逛、退、逃、滑、钻、转、溜（liū）、跨、奔（bēn）、穿、越、奔走、奔跑、逃走、逃跑、倒退、后退、前进。（2）垂直方向类：跳、蹦、攀、登、跃、攀登。

还有一点需要说明。以往对动词的研究，多采用根据义项在动词下加数字序号以示意义区分的方法进行，本书没有这样做。原因在于，我们认为《词典》对于某些词语义项的解释及分合值得讨论。以动词"跑"为例，在《词典》中分出了六个义项："（1）两只脚或四条腿迅速前进：赛~、~了一圈；（2）逃走：别让兔子~了；（3）<方>走：~了几十里路；（4）为某种事物而奔走：~码头、~材料；（5）物体离开了应该在的位置：~调儿、~题；（6）气体、液体等泄露或挥发：瓶子没盖严，汽油都~了。"仔细分析会发现，同一动词下的某些意义并不是动词本身所具有的，而是在相关结构中获得的。也就是说，这样的意义来自结构整体，而非动词本身，比如"跑"的第（2）（4）（5）（6）义。基于这种认识，我们在确定本书所研究的动词时，并没有对其进行义项区分，而是根据动词最基本的意义（如"跑"其本义表示"两只脚或四条腿迅速前进"）是否与足部位移有关，来判定它们是否属于足部位移不及物动词。至于那些在结构中获得而又与本义有着种种联系的其他意义以及后带宾语的问题，会借鉴构式语法理论进行阐释。

1.3.2　研究重点

本书研究的主要问题如下。

1. 足部位移不及物动词带宾结构的句法语义特征

基于对大量实际用例的观察分析，在句法层面，本书重点描写足部位移不及物动词带宾结构各段的构成及性质，并考察结构整体在句中充当的句法成分；在语义层面，本书侧重讨论不及物动词的原型性特征以及足部位移不及物动词的多义性问题，并就宾语的语义类型进行分类描写。

2. 及物动词与不及物动词的区分

如前所述,汉语中动词及物与不及物区分标准目前主要有"形式标准""意义标准""意义和形式相结合的标准"三种。然而,正如胡裕树、范晓(1996)所分析的,这三种标准各有其优势与不足,如何更加有效地区分汉语动词的及物与不及物,还需做进一步探索。本书借鉴查尔斯·菲尔墨的框架语义学理论并结合一定的形式标准,提出对这两类动词区分的看法,并在此基础上结合动词带宾语的出现频率以及它们带宾语同典型及物动词带宾语的差异分析来验证这 30 个足部位移动词的不及物性。

3. 不及物动词前后名词性成分的句法身份认定

此问题在 20 世纪 50 年代已有过深入的讨论,且学界基本达成共识——不及物动词前的名词性成分为主语,动词后的名词性成分为宾语。但随着话题和主语问题研究的深入,学者对二者的区分更求精确,这种区分同样也适用于足部位移不及物动词前名词性成分句法身份的判定。经考察,我们认为与句中主要动词有语义选择限制,又在形式上基本符合屈承熹(1995)和范晓(1996)提出的主语判定标准的名词,应分析为主语;而在语义上受主要动词限制较少的成分,按照徐烈炯、刘丹青(2007)的主张视作句法上的话题更加合适;至于动词后的名词性成分,从结构形式和意义两方面考虑,分析时仍将其作为宾语。

4. 采用以戈德伯格为代表的构式语法理论,对足部位移不及物带宾结构重点探讨如下四个问题

(1)构式的判定。戈德伯格(1995、2006)提出了构式的经典定义,据此论证将足部位移不及物动词带宾结构判定为构式的理据;同时,依据施春宏(2013)提出的"形义关系的透明度"观点,对该构式所具有的构式性进行更为细致的剖析。

(2)构式化过程。在构式性判定的过程中,从此类构式在保持结构非规则搭配的前提下,伴随着构式义逐渐不能从组成成分字面义的加合中推知,构式整体在共时层面经历了一个由非典型构式到典型构式的构式化过程。

(3)构式与组成成分的互动。戈德伯格(1995)以"动词与构式的互动"为标题,辟专章对此进行论述。然而,在实际讨论过程中,却过多地强调了构式对动词的制约作用,而忽视了动词对构式所具有的影响。鉴于此,在"构

式与组成成分的互动"部分,我们重点论述足部位移不及物动词对构式的贡献以及构式对动词和宾语产生的压制性影响,以实现真正意义上的双向互动探讨。

(4)构式的家族类聚与承继联接。构式语法理论在关注构式与组成成分关系的同时,也注重构式之间关系的探讨,以寻求跨构式的概括性。对足部位移不及物动词带宾构式而言,动词和宾语的多样性为抽象构式下包含的多个子类构式的构建提供了可能,由此形成在形式和功能上有所关联的诸多子类构式。它们例示了抽象构式的具体内涵,共同构成了家族类聚。在这个类聚中,各子类构式借助一定的途径承继相联,形成了足部位移不及物动词带宾构式的辐射型承继网络系统。

5. 足部位移不及物动词带宾能力存在差异的原因

比较本书所考察的足部位移不及物动词,可以发现它们在所带宾语的语义类型及数量上有所不同,对此我们称之为"带宾能力的差异"。考察这种带宾能力差异,并挖掘背后的动因,有助于细化对汉语足部位移不及物动词的认识。

1.3.3 理论背景

20世纪80年代以来,认知语言学研究突飞猛进,渐趋成为国际语言学研究领域的热点话题。作为认知语言学的一个重要分支,构式语法的研究备受关注,逐渐发展成为构式语法理论体系。该理论体系,按照学界较为通行的观点,主要包括了菲尔墨和凯的构式语法理论、莱考夫和戈德伯格的构式语法理论、兰盖克认知语法中的构式思想以及克罗夫特的激进构式语法理论。其中,以戈德伯格为代表的构式语法理论影响深广、解释力强,为构式语法的发展作出了重要贡献。

戈德伯格在吸收菲尔墨、兰盖克等,尤其是她的老师莱考夫构式语法思想的基础上,通过对英语相关语言现象的研究,构建了构式语法分析的理论框架。她的构式思想集中体现于两部专著:一是1995年出版的《构式:论元结构的构式语法研究》。此书以英语论元结构为研究对象,阐述了构式的定义、构式语法分析的优越性、构式与动词的互动、构式与构式间的关系等重要问题,并通过对英语双及物构式、致使—移动构式、way构式等具体实例的分析，说明了构式语法研究的基本理念与操作程序，此阶段为"论元结构构式语法"。二是 2006 年出版的《运作中的构式：语言概括的本质》。该书在论元结构构式语法分析的基础上，进一步修订了构式的定义，并就语言的表层概括、构式习得和制约、构式部分能产性机制的限制作用等进行了更为深入的探讨，体现了构式跨语言研究的发展取向；戈德伯格在该著作中明确提出了构式研究的认知语言学取向，并将自己的构式语法理论正式命名为"认知构式语法"。由于本研究与戈德伯格（1995）建构的论元结构构式语法理论密切相关，因此主要以该著作中的观点为理论背景，需要时也会引入戈德伯格（2006）的有关内容。

总结戈德伯格（1995）论著中的构式语法思想，可以归结为以下几个方面：(1) 开篇明义，提出"构式"定义：C 是一个构式当且仅当 C 是一个形式—意义的配对 <F_i, S_i>，且 C 的形式（F_i）或意义（S_i）的某些方面不能从 C 的构成成分或其他先前已有的构式中得到完全预测。这一定义在戈德伯格（2006）中进行了调整：除去形义关系"不可完全预测性"格式，那些即使是可以完全预测但却有很高的出现频率的语言格式也纳入了构式的范围。因此，构式是语言表征的基本单位，其范围涉及语言中的语素、词、习语、部分有词汇填充的短语格式、完全没有词汇填充的短语格式、句式乃至语篇等各个层面。(2) 在构式语法中，语言现象不存在"核心"与"边缘"之分，被生成语法所认定为"边缘"的语言现象，对它们的研究同样能够使人们对语言有更深入的了解，因为用来解释"边缘"结构的理论机制也可以用来解释"核心"结构。它们都应是语言分析的对象。(3) 语言中不存在"表层结构"和"深层结构"之分，亦不存在二者的转换。根据"所见即所得"及"语法形式无同义"原则，一定的语言形式总是和一定的意义相联系，形式的改变也便意味着意义的改变；不过，构式语法是生成性的，因为它也力图解释为何语法允许无穷的合乎语法的表达式存在以及语言中为何还存在无数不合语法的表达式。(4) 构式语法主张词库和句法、语义和语用之间不存在严格的分界线。词汇构式和句法构式实质上都是形式和意义的配对，而且在某些情况下两者之间的界限模糊难分；焦点成分、话题以及语域等信息和语义信息一起在构式中相伴随而存在。(5) 构式的意义并非等于其组成成分意义的简单相加，构式有独立于组成成分的意义，体现了"整体大于部分之和"的思想。但同时，构式又并非完全脱离各组成成分而凭空产生与存在，它们之间存在互动关系。

就"动词中心论",戈德伯格专门论述了动词与构式的互动。从框架语义学的理论背景出发,区分了"动词的参与者角色"与"构式的论元角色"两种角色,进一步讨论了角色的融合而促成构式论元结构实现的具体方式;并从动词与构式所分别表示的事件类型角度探讨了动词义与构式义存在的关系。简言之,动词与构式的互动可概括为"两种角色"和"两种意义"的互动。(6) 构式语法还关注构式之间的关系,认为语言中的构式不是一个无序的集合,而是一个有组织、有理据的网络系统。在这个系统中,相关构式通过"承继关系"相联接,这种关系实现的途径称为"承继联接"。"承继联接"对于跨构式的概括以及构式家族类聚的构建有着重要影响。

戈德伯格的构式语法理论以其自身所拥有的优越性,成为当今理论研究的热点。这种优越性恰如她本人所作的概括:可以避免为动词设定不合情理的意义;可以避免循环论证;能够保证语义经济性以及在秉持构式整体观的前提下,用"整合"代替"组合",能够以这种相对较弱的形式维持组合性原则。这些优点在汉语相关语言现象研究中也得到了体现,构式语法理论为汉语研究开拓了新思路。所以,该理论被引入后受到汉语研究者的广泛关注,学者借鉴该理论对汉语中某些较难解释的现象进行研究,取得了令人满意的成果,如存现句、领主属宾句、表示数量配比关系的容纳句等。

当然,构式语法作为仍在发展中的理论,难免也存在一些局限性。比如:(1) 过于强调构式对动词的制约作用。在构式与动词关系的探讨中,戈德伯格虽意在"互动",但实质上始终将构式置于"居高临下"的位置,发挥着它对动词的压制作用。(2) 构式定义范围过大。石毓智(2007)指出,将语素、词等语言单位纳入构式,在结构的复杂性上与认知语言学的有关定义不符,因为兰盖克明确指出构式是"至少由两个要素组成的单位";陆俭明(2008)也认为,将语素也看作构式,这跟句法层面上的构式存在"在要素上无法统一"的问题,即语素的形式是"语音",而语法构式的形式是词类序列和相关的语义配置,如此,对构式"形式"的理解就存在概念上的本质差异。(3) 构式确定的标准不够明确。正如邓云华、石毓智(2007)所言:"语言中的一个常见的现象为,同一类语法结构往往具有不同的语法标记,它们究竟属于同一个语法结构还是分属于不同的结构,这是值得认真对待的问题,而构式语法并没有处理好这个问题。"

对构式语法理论,我们应汲取理论的精华之处,对更多语言现象进行观察研究，尝试不断揭开语言神秘的面纱；同时，也应对其不足之处加以补充，不断促进构式语法理论的完善。这也正是本研究的初衷。

1.3.4 研究方法

1. 在构式语法理论指导下对现代汉语足部位移不及物动词带宾结构加以探索，研究过程中遵循该理论的方法论原则

（1）构式语法强调形式和意义（功能）的配对，即任何一个语言形式，只要它的形式、意义或功能的某些方面不能够完全从其组成成分或其他先前已有的构式推知，或者即使某些语言结构是完全可以预测的，但是它们有着很高的出现频率，也可以看作为"构式"。此定义为构式判定之理据。该判定方法是确定本书研究对象是否为构式的依据，也是本研究得以进行的前提。

（2）构式语法认为语法运作既是"自上而下"的也是"自下而上"的，是两者结合的产物。因此，它既遵循"自上而下"的研究顺序，注重寻找结构整体的特点，在整体结构中挖掘词义特征；也注重"自下而上"的研究方法，探索构式与其组成成分的互动关系。本研究以此为指导，既重视构式整体特点的挖掘，也注重构式与组成成分双向互动性关系的探讨。

（3）构式语法理论关注构式与构式间的关系，挖掘构式承继联接的途径。据此，本书对足部位移不及物动词带宾构式下包含的多个子类构式以及其间的承继关系进行细致研究，构建了构式承继网络图谱。

2. 描写和解释相结合

语言研究的最高目标是追求对语言现象的合理解释，这一点非常重要。但是合理的解释离不开正确而充分的描写，只有在对语言现象描写清楚的基础上才有可能做到解释的合理性。本研究坚持把描写和解释结合起来，两者交替进行，相互促进。借助可靠语料库全面搜寻语料，并依据标准对其进行归纳整理，力求对现象的描写翔实充分；运用构式语法理论、认知语言学其他相关理论等，对语言现象加以解释，力求解释合理充分。

1.3.5 语料来源

本书语料主要来自北京大学现代汉语语料库（以下简称 CCL 语料库）和

国家语委现代汉语语料库(以下简称国家语委语料库)。CCL 语料库为主语料库,国家语委语料库作为辅助和补充。

　　CCL 语料库选材包括小说、散文、杂文、随笔、剧本、理论著作、法律法规、教材、工具书等,基本覆盖了现代汉语常见的文体类型,具有很高的实用价值;国家语委语料库主要包括人文社会科学类、自然科学类和综合类的语料用例。此外,鉴于时效性和范围广度的考虑,在语料搜集过程中,我们还会使用人民网等网络资源补充新近用例,也会适当借用前人研究中符合我们研究目的的例句。

　　由于文中例句大部分取自 CCL 语料库和国家语委语料库,为行文方便,不再一一注明出处。对于来自网络以及相关著作和论文的例句都会在其后标明。

1.3.6　相关符号说明

　　本书中语言学术语的代号依照惯例,将不及物动词记作 Vi,及物动词记作 Vt;Vi 前后的成分,当其同时为名词性词语时,为了区分,分别标记为 NP1 和 NP2;主语、谓语、宾语等标记为 S、V、O,其他字母代号随文说明。

2 足部位移不及物动词带宾结构的句法语义特征

对一种语言现象的解释离不开对其特点的观察与描写。对于语言研究而言，语言现象所依托之语法表现及所含之语义特征，是寻求现象背后理论阐释之奠基石。因此，欲解释需先描写。遵循语言学的研究传统，本章对足部位移不及物动词带宾结构的句法、语义特征进行描写，后续章节在此基础上进一步寻求更为深入的理论阐释。

2.1 足部位移不及物动词带宾结构的句法特征

关于足部位移不及物动词带宾结构的句法特征，我们主要考察各部分的构成及其句法性质，并就结构体的句法功能进行说明。

2.1.1 足部位移不及物动词带宾结构各部分的构成及其句法性质

足部位移不及物动词带宾结构必然包含动词本身以及其后的组成成分，不过，在语料搜集与整理的过程中发现，该结构前往往有一个相关成分伴随出现，它的存在对结构体的句法语义表征有所影响。因此，我们在描写动词以及其后成分句法特点的同时，亦关注动词前的这个成分。为表述方便起见，按照各部分在句法配置中的位置，以动词为界，将动词前的成分称为 A 部分，动词本身称为 B 部分，动词后的成分称为 C 部分。下面分别就三个部分的构成情况及其句法性质进行分析描写。

2.1.1.1 A 部分的构成及句法性质

1. A 部分的构成

A 部分主要由体词性词语❶构成，具体情况如下所示。

强事物性词语

(1) 朱家臣3天跑了14个乡，亲自督促。

(2) 王允左手持酒杯，右手反向后挽，走内圈。

(3) 毛南族妇女往往戴着它走娘家。

(4) 汉民都什么迈火盆子那什么的，这儿都没有那个事情。

(5) 民佚们趁机又逃了十多个。

(6) 九个朋友，有的退了学，有的辞了工作。

(7) 铁十五局副总指挥陈述友，天天钻山洞，多次晕倒在洞子里。

(8) 现任政委龚蜀东和战士一起攀悬崖、宿孤礁，跟班作业在海测第一线……

(9) 平日里，他从不逛市场，头衔很多，社会应酬却很少。

(10) 我们跑了全国好多地方，从未见过这样漂亮的农民新村！

(11) 雌虎回窝时往往不走原路，而是沿着山岩溜回来，不留一点痕迹。

(12) 有人喜欢看狮子跳火圈，狗作算学，老虎翻跟头，觉得有趣。

(13) 声音也由于机器噪音的干扰跑了调。

(14) 下午2点左右，海水开始退潮。

(15) 这58万辆自行车全部要走轮渡……

(16) 我的学习成绩一下子由全班前几名倒退了十几个名次。

以上各例中的 A 部分，既有指人性名词词语或代词，如例（1）至例（10），其中包含指人性专有名词（朱家臣、王允）、集合名词（毛南族妇女、汉民、民佚们）、"的"字短语（有的）以及名词性同位语结构（铁十五局副总指挥陈述友、现任政委龚蜀东），也涉及人称代词"他"和"我们"；又有指物性词语，主要由名词性词语充当，如例（11）至例（16），其中的"物"

---

❶ 当不及物动词后所带宾语也为体词性成分时，我们将 A 部分中的体词性成分统一标记为 NP1，C 部分的体词性成分统一标记为 NP2，以示区分。

既包括有生物体，如"雌虎""狮子"，也包括无生物体，如"声音""海水""自行车""学习成绩"。不论是指人性名词、代词还是指物性名词，其所指都具有很强的事物性特征，故统称为"强事物性词语"。

　　A 部分经常与表示时间的词语、起修饰作用的小句、副词以及其他修饰动宾结构体的成分等共现，如例（1）、例（7）中的"3 天""天天"，例（14）中的"下午 2 点左右"；例（2）中的"左手持酒杯，右手反向后挽"；例（5）中的"趁机""又"，例（16）中的"一下子""由全班前几名"等。此外，A 部分有时为光杆性词语，如"朱家臣""王允""雌虎""狮子""声音"等；有时则又由包含修饰性成分的定中结构充当，如"120 头警犬""这 58 万辆自行车""我的学习成绩"等。

机构性词语

　　（17）<u>企业</u>从跑"官场"变为跑"科场"……

　　（18）<u>出版社</u>不仅社会效益好了，经济效益三年也迈了一个新台阶。

　　（19）<u>部队</u>退山头上，安营休息。

　　（20）<u>有的单位</u>为了达到某种目的，不走正道钻邪门，拿着礼物当"敲门砖"……

　　（21）早在汉代，<u>我国的士大夫阶层</u>举行宴会时就跳过一种"交际舞"。

　　（22）<u>刚刚夺得欧锦赛冠军的希腊队</u>则前进了 21 名，跃升至第 14 位。

　　上述各例中的 A 部分仍以名词性词语为主，这些词语称之为"机构性词语"。它们与强事物性词语不同，其所指较为明显地占据着一定的空间，具有处所性，但同时它们还是由人组成的具有某些特定职能的机构，❶融二者于一身。正如朱德熙（1982）所言，这样的词语是"可以看成地方的机构"。在句法性质上，它们大部分应该看成是名词兼处所词，也即"作为政治单位或机构，是名词；作为地方，是处所词"。机构性词语兼具"事物"和"处所"两种语义属性，不过这两种属性的强弱需依具体语句而定。如以上各例，A 部分名词性词语其后均不带方位词，其前也不能添加表处所的介词"在""到""从"等，可见此时的机构名词处所性弱，而凸显的是与处所有关的"职能"，并借"职能"进一步转指"执行职能的人"，具有"动作行为发出者"意味。因此，与足部位移不及物动词带宾结构共现时，它们凸显了较强的事物性特

---

❶ 此处的"机构"取广义，包括任何由人组成的单位、组织、团体等。

征，而在一定程度上隐没了处所性特点。

强处所性词语

（23）公路上跑着一辆辆小汽车、大客车和卡车……

（24）紫罗兰上爬着一只毛毛虫。

（25）北京体育馆路东四块玉田径场，奔跑着一群"怀揣残疾证，袋装救心丹"的教练。

（26）只有几条街道可以走车马，如是，人们日夜可以享受一点清静的生活。

（27）中间走皇帝的，两边比如走其他百姓的。

上例中的 A 部分有的由名词带上方位词"上"等构成，如例（23）、例（24），它们前面往往能够添加表示处所的介词"在"，整体表现出很强的处所性；而有的则直接由不带方位词的单纯处所名词构成，如例（25）、例（26），这样的词语后面也可以带上方位词，前面亦可以添加处所介词，以凸显其处所特性。不过，从语料反映的情况来看，当处所名词充当 A 部分时，往往不是一个光杆成分，它们前面会有一个或多个修饰性成分与之共现，来指示处所的具体内容，如"北京体育馆路东四块玉""几条"。此外，A 部分也有由方位词填充的情况，如例（27）中的"中间""两边"。

与机构性词语相比，这些带方位词的名词性短语本身便表处所，它们主要用来说明动作行为发生或存在的空间，与"人"的因素无关，这样的词语更多地凸显处所属性，与事物性关联较弱。

综观以上三类词语，不论是具有极强的事物性还是凸显与处所有关的"职能"抑或表达极强的处所性，当它们充当 A 部分时，以各自凸显的语义属性对足部位移不及物动词带宾结构在句法语义上的不同表现发挥着影响。换言之，正是由于这些拥有不同语义属性的词语的加入，才使得足部位移不及物动词带宾结构与之组配而形成的相关句子格式在表义上进一步彰显出差异，进而影响到结构自身以及相关组成成分的语义解读，并为围绕该结构形成一定的家族类聚提供了条件。

表时间的体词性词语

（28）春运期间，压货走客……

（29）可是今晚倘若逃走了福王，这不是一件小事。

（30）男女初次相好多是赶场时，或迎神赛会之际，尤其是仲春跳花灯，八月半跳月的时期……

A 部分偶尔也由表示时间的词语充当，不过，与前面三类相比，时间性词语在结构上与足部位移不及物动词带宾结构的联系较为松散，有明显的停顿或者可以插入其他成分，而且往往能根据上下文补出动作行为的发出者。因此，在句法性质上它与强事物性词语等有所不同。这一点将在下一小节详细讨论。

A 部分除了由体词性词语构成外，还有由少量谓词性词语充当的用例，例如：

（31）说老实话，一年三百六十五天，拿几个休息日摆摆场面、走走形式不难……

（32）FIA 一位发言人称，给美洲虎车队注册不过是走个手续。

这样的用例较少，当它们出现于 A 部分时与体词性词语的作用有某些相似之处，即虽为谓词性成分，但在此并不是侧重表达具体的动作行为，而是说明动作行为所关联的事件，在一定程度上有了指称性。

总体而言，在 A 部分的构成上，体词性词语占据优势地位，其中又以名词性词语为主。根据它们与足部位移不及物动词带宾结构关联的强弱程度，强事物性词语、机构性词语和处所性词语较之时间词语、谓词性词语发挥着更为重要的作用，它们以各自凸显的语义属性与该结构体共同表征相关的句式意义。

2. A 部分的句法性质

主语与主题（话题）

如上所述，A 部分主要由体词性词语构成，偶尔也出现谓词性成分。其实，由体词性词语充当 A 部分构成的不及物动词带宾语句，尤其是由处所名词构成的"存现句"以及动词前后两个名词之间具有领属关系的"领主属宾句"，❶ 在早期学者的研究中便已受到关注。A 部分的句法性质，经过 20 世纪 50 年代主宾语问题的大讨论，学界基本达成了共识，认为其为主语。

然而，随着西方语言学理论的不断引入，汉语研究者借鉴这些理论思考汉语中的相关现象，进而有了新的见解。就"主语"研究而言，一方面，赵元任（1980）指出，汉语中主语跟谓语在中文句子里的文法意义是主题❷跟解释，而不是动作者跟动作"，也就是说"主语就是名符其实的主题，谓语就是

---

❶ 郭继懋. 领主属宾句 [J]. 中国语文，1990（1）：24-29.
❷ 也有学者称为"话题"。

说话人对主题的解释";另一方面,汤普森(1976)对汉语主题进行了集中研究,提出"汉语是主题凸显的语言",并列出了主题所具有的 7 条特征。在该研究的基础上,曹逢甫(1995)又专门针对汉语中的主题进行了更加细致的考察,提出了汉语主题的 6 个特点:"主题总是居主题串首位;主题可以由四个停顿语气词'啊(呀),呢,嘛,吧'之一将其与句子其余部分隔开;主题总是有定的;主题是语段概念,常常可以将其语义范围扩展到一个句子以上;主题在主题串中控制同指名词组代名化或删略;主题在反身、被动、同等名词组删略、系列动词、祈使化等过程中不起作用,除非它在句中本身也是主语。"而汉语主语,作者指出:形式上,汉语的主语总是不带介词,是没有标记的;位置上,主语总是动词左边第一个有生名词组,否则就是紧挨动词前面等的名词组。语义上,汉语主语具有三大特点:汉语主语与句子的主动词总是具有某种选择关系;具有施动性的成分优先作主语;主语具有自足存在性,其指称总是有定的,一般是有特定所指的。范晓(1998)也就主语的性质进行了深入讨论,认为就意义而言,主语是既表示谓语动词的动元、又表示谓语的陈述对象的句法成分。就形式而言,主语具有这样的特征:它是由既表陈述对象又表动元的名词性词语充当的;它的位置在谓语动词之前;它前边不能有介词;谓语动词前若有两个和两个以上的表动元的词语,则表主事的为主语,谓语动词前若有两个表主事的词语,则靠近动词的为主语。对主语的认识,范晓先生与曹逢甫先生有很多共通之处。

徐烈炯、刘丹青(2007)在对以往关于话题和主语的研究成果进行评述的基础上,提出话题是一个句法概念,不属于语用层面的观点:"作为一种话题优先型的语言,汉语的话题在句法上有与主语、宾语同等重要的地位。从层次分析的角度看,话题在句子层次结构中占有一个特定的位置,正如主宾语各占一个位置,这就是说,话题不与主语合一个位置,也不与宾语合一个位置";"话题是话题,主语是主语,它们是不同的句法成分";"汉语中的一个句子,可以既有话题也有主语,可以只有主语没有话题,也可以只有话题没有主语,还可以既无话题也无主语"。除了名词性成分可以构成话题外,表示时间、地点的词语以及动词性词语也都可以构成话题,它们可以通过其后能否加"提顿词"(通常所说的"句中语气词")或是否有停顿等进行话题身份的判断。然而,当主语和话题只出现一个而又没有特殊标记时,判定依据为:"对于动词前符合主语的原型意义如施事、当事等而没有停顿和提顿词等形式的成分，假定它们是主语，但并不意味着它们在特定语境中不能分析为话题"；在语义关系上，话题"一定与后面的部分有所述关系，而且它可以，但不一定与它后面的某一个成分有语义联系"。

由上可见，不论将主题（话题）和主语置于哪个平面讨论，汉语中主语和主题（话题）的区分，研究者都遵从一些共同的标准：就形式而言，主题后面一般可以插入语气词（提顿词），当主题和主语一起出现时，主题一般位于主语之前；就语义而言，主题较少受到句中主要动词语义上的选择限制，而主语与句子主要动词总是有着某种选择关系。

3. A 部分的句法身份确定

基于上述共识，我们就 A 部分的句法身份展开分析。

首先，就体词性词语构成的 A 部分来看，强事物性词语、机构性名词以及强处所性词语都应分析为主语。原因在于：语义上，这些词语的指称对象要么为动作行为的发出者，要么为动作行为发生或存在的必有处所，它们与谓语动词均有密切的语义选择关系；形式上，这些词语又都位于谓语动词前面，且其前不加介词。例如：

（33）<u>水客们</u>跑水路做买卖也心顺胆壮啦。

（34）他知道<u>三个儿子</u>走了两个，不能再向对家庭最负责的长子拉不断扯不断的发牢骚。

（35）这个俱乐部采用传统庭院式花园形式建成，曲径幽路，画墙环绕，<u>鱼</u>跃水池，花草相间。

（36）<u>共军</u>休想逃走一个。

（37）<u>偶然卷过来的晚风</u>，直钻脖颈，让珊珊打了个寒噤……

"水客们""三个儿子"作为指人的有生性名词词语，"鱼"作为指物的有生性名词，"共军"作为由人组成的表示团体的机构名词，它们所指称的对象都是句子谓语动词"跑""走""逃走"的发出者；例（37）中"晚风"略有不同，作为一种无生事物它不能自主发出相关动作行为，因此与有生事物相比，其施动性要弱一些，但这样的事物在外力作用下又确实是动作行为的执行者，因此这样的名词性成分与谓语动词有直接的语义选择关系；在句法形式上，所有这些体词性词语都位于各自的谓语动词前，不带介词。故而，它们符合主语的判定标准。

而表时间的词语以及谓词性词语，与谓语动词语义上的联系较为薄弱，较少受到动词语义选择的限制；在形式上，此类词语后面往往有所停顿，表现在书面上其后常标有逗号，或者多可以添加提顿词"啊、吧"等进行停顿，且不影响对句子的理解。它们具有主题（话题）的特征。例如：

（38）<u>春运期间</u>，压货走客……

（39）<u>如今求你一个方便</u>，都难比登天，又不是要分你的身家……

因此，对于那些与句中主要动词有着密切的语义选择限制关系，在形式上又基本符合屈承熹（1995）和范晓（1996）提出的主语判定标准的成分，我们将其分析为主语；而那些在语义上受到句中谓语动词较少语义限制，在形式上又符合主题（话题）判定标准的成分，按照徐烈炯、刘丹青（2007）的主张，将其看作主题（话题）。

2.1.1.2 B 部分的性质及构成

1. 足部位移类动词的不及物性

菲尔墨于 20 世纪 70 年代提出框架语义学，主张对词语意义的理解需要联系其所激活的语义框架，而这个"语义框架"又与包含百科知识的认知经验有关，这种认知经验便是就"意义"而言的。对于汉语动词及物与不及物的区分，框架语义学或许能够提供一些新的启示。

菲尔墨的框架语义学是在早期格语法理论的基础上提出的，其核心思想为：一个词语的意义应当在其可能激活的一整套概念结构或经验空间的全景式框架中获得妥切的理解，而对于概念结构框架的句法表达应考虑不同的透视域的选择，即从不同视角凸显其中不同的语义关系，就会形成不同的句法形式。"概念结构"，按照菲尔墨的理解，是指关于现实世界的语义知识，其核心部分是基于对真实场景反复体验和提炼而形成的"意象图式"，充分强调了概念结构的体验性和意象图式性，也充分体现了经验主义的精神内涵。因此，当我们有了这样一个具有整体性和全景性的概念结构时，就能够以此为参照对象来理解有关词语的意义。正如菲尔墨、阿特肯斯（1992）所说："一个词语的意义只有参照经验、信仰或惯例的结构背景才能被理解，这个结构背景就构成了理解意义的概念的先决条件"。菲尔墨通过论述"商务交易框架"对"买、卖、支付"等动词意义理解的作用，有力地证明了这一观点。

对于足部位移动词不及物性身份的认定，可以借助动词所联系的"语义框架"，并通过与典型及物动词加以对比得到。以动词"跑"为例。根据人类

2 足部位移不及物动词带宾结构的句法语义特征

共有的认知经验,"跑"关联着一个丰富的语义框架,其中包含了诸多元素,然而仅"执行动作的主体""动作本身"以及"动作依附的界面"这三个元素便能够构成人们对"跑"意义理解的基本框架。不过,由于"动作依附的界面"是人们认知经验中默认的背景知识(一般为"地面"),因此往往不具有凸显性,在话语表述中可以被隐含。如此,通常情况下"执行动作的主体"加上"动作本身"就可以表达一个完整而自足的意义,无须再涉及其他语义成分,因此,从语义自足性来看"跑"具有不及物性。又由于"执行动作的主体"往往具有"自主性""感知性""位移性"等"原型施事"的特点,而"原型施事"通常作主语,故而"执行动作的主体"在句法上更易实现为主语;"动词本身"由于其较显著的动作性,在句法上多映射为谓语。如此,自足的语义结构映射为句法结构时,便形成了"S$_{主体}$ + 跑$_{(时体成分等)}$"这样的基本句式,如"他跑了"。可见,形式上,"跑"后无须带宾语句法结构亦自足。因此,从意义和形式两方面的对应来看,可以确定"跑"为不及物动词。相比之下,动词"送",根据人类普遍的认知经验,在语义上不仅需要关联一个"送的主体",还必须至少有一个"送的客体",多数情况下还会出现相关的"接受者"。因此,"送的主体""被送的客体"和"接受者"便构成了"送"的基本语义框架,而"被送的客体"由于其明显的"受动性",在句法上多实现为宾语,这样,汉语中我们便有了"S$_{主体}$ + 送 + O$_1$ + O$_2$"这样的句式结构,如"他送我一本书"。不论从意义还是从形式上看,"送"总是要有所及之物才完整,因此是及物动词。

对照"跑",我们可以较容易地验证其他足部位移动词——"走、跳、蹦、遛 liù、爬、滑、逛、退、逃、转、溜 liū、奔 bēn、迈、跃、逃走、逃跑、倒退、后退、前进、奔走、奔跑"的不及物性,它们在语义和形式上均具有无须带宾语而自足的特征。不过,还有几个动词——"钻、跨、穿、越、攀、登、攀登"❶ 略有不同。它们所联系的基本语义框架中往往需要有一个动作所及之物才完整,而这个"物",根据语料的实际考察以及汉语母语者的认知经验,通常表现为"处所",且这些"处所"成分多可以不需介词引导而直接跟

---

❶ 此外,还有一个"奔(bèn)"与这几个动词又有差异,即该动词除了通常后带作为目的地"处所"的成分外,也经常与表示"动作行为指向的对象"的词语共现,如"奔亲戚"等。但,不论"处所"还是"动作行为指向的对象",由于它们都是非典型宾语,故仍将该动词分析为不及物动词。

· 33 ·

在动词后作宾语,形成"S + V + O_{处所}"格式,如"部队钻林子""探险队员攀登险峰"等。这样的动词我们仍将其视作不及物动词,因为:这些动词虽然往往需要带上处所宾语才可以构成意义形式完整的格式,由于"处所宾语"不是典型的宾语,因而这样的动词不是典型的及物动词(Vt);由于并非完全不能带宾语,它们也不是典型的不及物动词(Vi)。此类动词便成为介于典型Vt和典型Vi中间的类,我们可以说它们是Vt,但不典型;亦可以说它们是Vi,但也不典型。这是两种可能的处理方法。因此,已有研究,如陆俭明(1991)便将这样的动词归为Vt,然而大多数研究成果仍认为它们是Vi〔赵元任(1979)、吕叔湘(1980)、胡裕树(1981)、朱德熙(1982)、陈昌来(1998)、刘月华等(2001)、杨永忠(2007)等〕,这是传统的看法。因此,基于遵从传统看法、处所宾语为非典型宾语、这样的动词在句法上能够受较少限制而进入 S_{主体} + Vi_{p(时体、语气等成分)} 框架以及由后两者推导出来的 Vi 范畴的家族相似性,我们认为这些动词为 Vi。

另外,着眼于动词的实际使用情况,可以发现,本书所考察的这 30 个动词,在语料统计中不带宾频率远高于带宾频率,这亦能说明这些动词仍以不及物用法为主。以国家语委语料库❶的统计数据为例进行说明,动词"跑""走""跳"带宾语用例的数量最多:"跑"108 例,"走"322 例,"跳"73 例。当然,这与它们本身为高频常用动词有关。然而,将它们带宾语的用例数量与出现的有效语料❷总数("跑"1783 例,"走"6559 例,"跳"1019 例)进行比较,可以发现这几个动词的带宾率很低,分别为 6.1%、4.9%、7.2%。可见,它们的不及物性特征很明显。至于"退""滑""转""跃"等使用频率较低的动词,它们带宾语的用例也不过几十例,与其有效语料总数相比,所占比例也非常低;而那些需要带处所宾语才能足构足义的"跨""攀""钻"等动词,由于处所宾语在某种程度上会强制性共现,使得它们的带宾率相对较

---

❶ 之所以选择国家语委语料库的统计数据而未采用 CCL 语料库,是因为前者能够进行带词性的搜索,这样我们以"整词匹配/词性"的方式(如"跑/v")进行检索,能够更加准确地找到所考察对象为动词的相关用例,避免非动词用法的过分掺杂;此外,该语料库中语料选取较为平衡,其中口语语料数量可观,达 300 万字,这样的语料选取较贴近语言运用的实际情况。

❷ "有效语料"是指排除非动词用法的语例后,进一步剔除单音节动词与其他语素组合成为双音节动词的用法,如在统计"跑"的语料总数时,去掉"奔跑""飞跑"等双音节动词用例;此外还会剔除与"足部位移"义无关的同形动词的用法,如"穿"表示"把衣物鞋帽等套在身上"义时的用例,"攀"表示"用手拉、抓住"义时的用例等。

高，如表 2.1 所示。

表 2.1 "钻"等不及物动词带宾率情况表

动词	钻	穿	跨	攀登	登	攀	越
有效语料（例）	188	58	188	90	146	21	46
带宾语料（例）	54	19	65	36	81	37	38
带宾率（%）	15	33	35	40	55	57	83

从上表可见，"钻""穿""跨""攀登"的带宾频率明显低于不带宾率，其不及物性较易观察；而"登""攀""越"，尤其是"越"，带宾率均高于50%，较之不带宾情况，带宾更为显著，但是考虑到它们较低的使用频率以及其后所带宾语大部分甚至全部为处所宾语，而处所宾语又属于非典型宾语，因此，尽管带宾率过半，仍将其归为不及物动词。

此外，这些动词的不及物性还可以通过与典型及物动词带宾语情况的比较进一步观察。典型及物动词，如"吃""喝""给""卖""收""踢"等，尽管可以将宾语省略，但其带宾语的频率要远远高于"跑""走""跳"等动词，前者带宾的平均频率在50%左右（郭继懋，1999）。二者的带宾频率差别较大，亦能说明它们在及物性方面有所不同。而且，进一步观察两类动词所带宾语的类型及自由度，也可以发现二者的差别：典型及物动词带宾语较为自由且类型多样。如"吃"可以带受事宾语（吃香蕉）、处所宾语（吃食堂）、方式宾语（吃公款）、凭借宾语（吃父母）、工具宾语（吃大碗）；如"踢"可以带受事宾语（踢足球）、施事宾语（踢右腿）、方式宾语（踢正步）、角色宾语（踢中锋）。而本研究中的30个不及物动词，除了"跑""走""跳"等所带宾语类型较为多样，其他动词带宾类型相对单一，只能带两种甚至一种类型的宾语。同时，这30个动词所带宾语均为非受事宾语，这与及物动词带受事宾语又有着显著不同。

综上所述，我们认为，足部位移不及物动词带宾结构是一种非自由、非典型的带宾格式，其中的动词视为不及物动词更为合理。

2. Vi 的重叠式及其后的体标记

Vi 的重叠式

足部位移不及物动词带宾结构的 B 部分主要由 Vi 本身构成，多数情况下 Vi 以光杆形式出现，有时也有动词重叠的情形。例如：

（40）权宜之计，只能先不搞产品质量认证，私下里<u>跑跑销路</u>，待资金回笼，再作进一步打算，这也是没办法的办法。

（41）主观上中国模特需要不断补充自己的文化修养，不能以为<u>走走 T 型台</u>吃几年青春饭就完事了。

（42）说老实话，一年三百六十五天，拿几个休息日摆摆场面、<u>走走形式</u>不难……

（43）经济审判人员在做庭审准备时，应注意不能先入为主，未开庭便先得结论，将开庭仅当成<u>走走"程序"</u>，从而影响正确裁判。

（44）来这里的游客多愿意<u>走走"十八盘"</u>古道。

（45）那是俺姐夫家，俺正待去<u>走走亲戚</u>。

（46）我改了行，成了一名"看看报纸聊聊天，结结绒线<u>遛遛街</u>"的女行政人员……

（47）在秋高气爽的季节，<u>爬爬山</u>，既锻炼了身体，又能登高望远，舒畅心情。

（48）村人们爬下车来，<u>遛一遛腿</u>……

（49）汽车到站后，我打消了<u>逛一逛北京城</u>的念头……

动词重叠后带宾语的情况并不多见，在所收集的全部语料中仅有如上几例。其中例（40）至例（47）是动词重叠的"AA"式，例（48）、例（49）则是"A—A"式。朱德熙（1982）指出动词重叠表示动作的时量短或动量小，李宇明（1996）进一步指出："动词重叠最常见的作用是'减小动量'，即赋予基式所代表的动作行为以反复次数少（次少）、持续时间短（时短）的意义。"从以上例句来看，足部位移不及物动词重叠也表达了"动量小"或"时间短"的意义。同时，这些重叠式还伴随着整体结构主观性的凸显：或表达行为主体、说话者将动词所联系的事件有意往小处说，以舒缓语气，减少压力，使相关建议更容易被行为关涉者或听者接受，如"跑跑销路""走走 T 型台""走走程序"；或表达行为主体、说话者轻松惬意的主观感受，如"走走'十八盘'古道""走走亲戚""遛遛街""爬爬山""遛一遛腿""逛一逛北京城"。

· 36 ·

3. Vi 后的体标记

该结构中 Vi 后有时候会出现体标记，出现频率最高的是"了"，其次是"着"，再次是"过"。

先来看带"了"的情况：

(50) 为写好这篇小说，我跑了南京、上海等地的好几家图书馆。

(51) 他冲出炮火，爬了800米长的地道。

(52) 于是台湾有许多人钻了法律空子。

(53) 江苏省民政部门大力发展民政经济，福利企业发展迅速，一年跃了一个新台阶。

(54) 最后，约翰逊仅跑了第三名。

(55) 刚刚夺得欧锦赛冠军的希腊队则前进了21名，跃升至第14位。

(56) 新疆医学院二附院1992—1993年两年间中级职称以上的人员走了57个，另有8人不辞而别。

(57) 年纪大了的女人，就和走了味的酒一样，陆公子都不会有兴趣的。

(58) 手榴弹就随着出去，打死两个，逃了一个。

(59) 他们这样的冲，乡兵自然不能完全阻牢他们，结果终于给他们逃走了五个人。

(60) 如果精神文明滑了坡，物质文明失去"精神动力""智力支持"和"思想保证"……

"了"用在不及物动词后面表示动作所联系的事件处于一种完成状态。如以上各例所示，这种完成状态多与过去某个时间有关，表示事件在过去某个时刻被完成。但是朱德熙（1982）指出："值得注意的是汉语的'了'和印欧语动词的过去时词尾作用不同。印欧语动词过去时表示说话以前发生的事，汉语的'了'只表示动作处于完成状态，跟动作发生的时间无关，既可以用于过去发生的事，也可以用于将要发生或设想中发生的事。"也就是说，"动作完成"可以在过去但不必然在过去，因此会有例（60）这样的用例，它是一种非现实句，表示对某种情况的假设，虚拟将来某个时间可能会完成某个事件。

有时，Vi 后会出现"着"，例如：

(61) 每次回家也都是来也匆匆，去也匆匆，身后颠颠跑着随从人员。

(62) 在麦浪似锦的烟潍公路上，走着两个学生打扮的年轻人，一个是少剑波，一个是他的战友王孝忠。

（63）紫罗兰上爬着一只毛毛虫。

（64）在一片热沙上奔跑着无数的裸体猫人，个个似因惊惧而近乎发狂……

（65）各人奔着各人的道儿，都忙忙碌碌地赶着中年的生活去。

（66）当接近满腹是卵的雌鱼之后，雄鱼便跳着"之"字形的舞蹈，把雌鱼引到门口，用嘴示意方向让雌鱼进入。

"着"多出现于由足部位移不及物动词带宾结构与强处所性成分连用而形成的存现句中，如例（61）至例（64），句子意义为"某处存在或进行着什么"。"着"对结构的成立有重要影响，若删去，很多表达式不合法。有的"着"用在该结构中形成的虽不是存现句，但其作用仍是说明"主体以动作所指示的方式持续存在或进行某种状态"，如例（65）、例（66）。此类情形，去掉"着"结构虽成立，但表义有所变化，如"各人奔各人的道""跳之字形舞蹈"等若去掉"着"，则意在凸显整体事件，并非侧重"存在或进行状态"。同时，在上述两种情况中，动词具体的动作行为义都有所弱化，主要用来表达某种抽象状态存在的方式。

再如带"过"的情形：

（67）记者面前的老林信心十足，他以前在体校工作，跑过马拉松。

（68）差一期没有毕业，就跋涉几百里到大武口电厂当过合同工，走乡串户跑过小买卖。

（69）受到他的影响，我到30岁时就已走过30多个国家。

（70）从第26届到第43届，从1961年到1995年，中国乒乓球走过了几代人。

（71）早在汉代，我国的士大夫阶层举行宴会时就跳过一种"交际舞"。

（72）及至遛过三条小街，方知这里凡食皆麻辣。

相较而言，"过"在足部位移不及物动词后出现得最少，它表示"经历、体验"，以上含"过"的句子表达了"主体曾经经历或发生过某事"。

表时体的"了""着""过"确实能够出现在足部位移不及物动词带宾结构中，它们的存在明示了动作行为或所代表事件的时体特征。不过，统观语料总量可以发现，时体标记出现的用例比不出现的用例要少得多。例如：

（73）为了能早日轻装上阵，他每天上下班都往返10余次跑楼梯。

（74）建筑物的布局要讲究尊卑贵贱，上等人走大门，下等人走侧门……

(75) 每逢过年过节，我都是带着爱人和孩子，到大婶家走娘家。

(76) 小时候，我经常跟着祖父逛园林，现在我经常带着孙子逛园林。

(77) 贾昌六岁时，就已敏捷过人，能够爬柱子。

(78) 铁十五局副总指挥陈述友，天天钻山洞，多次晕倒在洞子里。

(79) 天天陪伴她逛马号，遛市场，进时装店，吃迎宾楼。

(80) 当他默默地点了一点头后，站起来就往外走，刚要迈门坎，看到了杨子荣，他马上止了步。

(81) 我们穿草地跨小桥，踩过如锦的花坛。

(82) 他们都奔高枝儿了。

(83) 你知道其中幸福秘密的时候，除了感叹她可以从幸福之中抽离，奔跑各地宣传该有多么"伟大"……

(84) 学艺成名，奔走江湖，受尽了欺侮……

(85) 左眼跳财，右眼跳灾，如果左右眼皮一起跳呢？

(86) 早在1646年，不少南澳人随郑成功东征收复台湾后在台湾定居，解放前逃灾荒、避战乱以及国民党军政人员携同亲眷去台的也很多。

(87) 保安、志愿人员也个个如临大敌，不得越雷池半步，稍有不慎，便可能招致不愉快的口角。

以上只是语料中的一小部分。对比可见，足部位移不及物动词不带任何成分而直接出现宾语的用法更为常见。这样的结构体在表义上有所侧重，并进一步影响对其中动词的语义解读。

2.1.1.3　C 部分的构成及句法性质

1. C 部分的构成

足部位移不及物动词带宾结构的 C 部分，主要由名词性词语构成，其中既有表处所或机构的词语，又有强事物性词语；而且它们出现在动词后时，多为光杆形式。例如：

(88) 我是第一次跑济青路，想来看看，图个新鲜。

(89) 在居民家当保姆时，广场保安和工作人员强迫她从地下室通过，不许她走大门。

(90) 我以为是有人跳河里了，和包工头就冲过去。

(91) 武老师说，"不办卡之前，什么人都进来，当是来遛公园了……"

(92)"这不,这两天我们又成了'街游子',成天转商场,逛商城,却不买一分钱的东西。"

(93)男子杀人逃国外,18年后政策感召下回国自首。

(94)数万名筑路大军,顶烈日、战严寒、穿沙漠、越戈壁,打通天山山脉,跨越达坂沼泽。

(95)汪更新画鱼亦独辟蹊径,一般的画家只画静水鱼,而他擅长画逆水而上的游鱼,颇具动感,红、青、白相杂,都昂首向上,其势如跃龙门,条条各具姿态……

(96)这些日子他的车几乎没有熄过火,人没进过家,为了跑业务,他没日没夜地苦干。

(97)拿草珠子的老头儿感叹地说:"我们每天起来,连个遛画眉绕弯儿的地方也没有了!"

(98)房子前面有一带凉棚,上面爬着朱藤。

(99)男子为拒绝还母亲房子和10万元钱,与妻子假离婚逃债务。

(100)不攀"大款",多结"穷亲",新密市委转变作风多办实事。

当然,有时候这些名词性词语前面会出现数量结构,例如:

(101)有的地方……办一个小商品批发市场,竟要跑80多个部门,盖100多枚公章。

(102)上午我随他去跑一些事,中午他请我在街上吃。

(103)刘宽领着两个孩子逛了几家商店,买些衣服和日用品,来到城南的儿童公园。

(104)记者随着熙熙攘攘的顾客转了四大商场,摘录了几个小镜头。

(105)经济总量全省第一,在全国也数前17位,去年一年就蹦了四个台阶。

(106)可是面对这一房地产"大餐",很多市民往往是"逛了一身汗,资料没少拿,但想买的没找着"。

(107)我大军一到,围歼战立即开始,小鬼子休想逃跑一个。

杨永忠(2007)指出,不及物动词后的名词性词语(NP)前不能出现数量词、指示词,因此"逛一个美丽的公园"的说法不成立。就我们所考察的不及物动词带处所宾语和目的宾语的用例而言,符合上述结论。但放眼更大的语料范围,如以上各例,其中动词后的NP前面便可以出现数量结构。不过,这些数量结构中的"数"多数情况下≥2，较少为1。而且即便其中的数字为"一"，如例（106）、例（107），"一身"仍表示"多"，"一个"在"休想"的限制下，表示的也是一种"遍指性"，相当于"全部"。对数量的要求，我们认为与结构整体的表义有关。

2. C部分的句法性质

该结构中的C部分为宾语，这一身份的确定经历了漫长的讨论过程。这主要源于宾语与主语存在的种种纠葛。关于主语和宾语的区分，早在《马氏文通》中便有论述："凡以言所为语之事物者，曰起词。……凡名、代之字，后乎外动而为其行所及者，曰止词。……动字者，所以言事物之行也。而凡受其行之所施者，曰止词，言其行之所发者，曰起词。然则动字之行，可以'施''受'二字明之。"这是从意义出发界定主语和宾语，即认为施事做主语，受事做宾语。黎锦熙（1924）、王力（1943）等也从意义角度出发对主语和宾语进行了定义。这种做法受到质疑，证据是汉语中名词跟相关动词意义上的联系是多种多样的，不只是局限于"施事"和"受事"两类。如果认为只有施事才可以做主语，受事才可以做宾语，那么当句子中出现非施事、非受事成分时又该如何分析？于是，丁声树等于1952—1953年在《中国语文》上发表《语法讲话》，提出应该按照结构位置判定主语和宾语，把动词前的名词性成分视为主语，动词后的名词性成分视为宾语。基于这些分歧，1955—1956年，学界展开了关于主语和宾语问题的大讨论。

针对这场大讨论以及汉语主语和宾语的纠葛，吕叔湘（1979）做了很好的总结，指出：主语、宾语问题的症结在于"位置先后（动词之前，动词之后）和施受关系的矛盾"。而要解决这个矛盾，关键在于认清两个事实："第一，从语义方面看，名词和动词之间，也就是事物和动作之间，可以有多种多样的关系，决不仅限于施事和受事。'施—动—受'的句子，论数量确实是最多，可是论类别却只是众多种类之一。……必须认清第二点，也是更加重要的一点，那就是：主语和宾语不是互相对待的两种成分。主语是对谓语而言，宾语是对动词而言。主语是就句子格局来说，宾语是就事物和动作的关系来说。主语和宾语的位置不在一个平面上，也可以说是不在一根轴上，自然不能成为对立的东西。主语和宾语既然不相对立，也就不相排斥。一个名词可以在入句之前做动词的宾语，入句之后成为句子的主语，可是它跟动词之间原有的语义关系并不因此而消失。不但是宾语可以分别为施事、受事、当事、工具等，主语也可以分别为施事、受事、当事、工具等。在一定程度上，宾语和主语可以相互转化。"朱德熙（1985）也指出："意义派根据施受关系区分主宾语，把主语限定为指施事，把宾语限定为指受事。可是句子里头名词跟相关的动词之间意义上的联系是各种各样的，并不是只限于施事和受事两类"。"主语是相对于谓语来说的，宾语是对述语来说的。主语和宾语之间在结构上没有直接的关系。"二位先生的观点都明确表明主语和宾语并不是同一个平面上的成分，所以没有必要非将它们混在一起讨论。主语是相对于谓语而言的，宾语则是相对于动词而言的。因此，对宾语的确定，主要是考虑它与动词的关系。从位置上看，宾语位于动词之后；从语义关系上看，宾语与动词除了受事之外，还存在多种多样的联系，因而有多种类型的宾语。这种主张后来在很多《现代汉语》教材中都有所体现。如黄伯荣、廖序东（2002）认为："动语和宾语是共现存在的两个成分，句内有宾语，就必有动语，无宾语就没有动语。""宾语和动语的语义关系很复杂，可粗略分为三种：受事宾语、施事宾语、中性宾语。"北京大学中文系现代汉语教研室主编的《现代汉语》指出："述宾结构表示支配关系。宾语是相对述语而言的，通常述语由动词充任，宾语是受述语动词支配、制约的对象。""具体来说，宾语和述语动词在意义上的关系是各种各样的"，常见的类型有：对象宾语、结果宾语、工具宾语、处所或地位宾语、施事宾语。此外，也有一些文章专门讨论了主语和宾语的相关问题，如李临定（1983）从语义和结构两个方面就宾语的使用情况进行了说明：结构上，宾语具有"动不离宾，宾不离动"的特点；语义上，宾语可划分为受事、结果、工具、对象、目的、处所、施事以及表其他语义等类型。

从语义角度划分出的多种类型与道蒂（1991）提出的"原型施事"和"原型受事"的观点一致。陈平（1994）最早引用这一观点指出了汉语主语和宾语与"原型施事"和"原型受事"的关系："最基本的语义角色只有两类，我们称之为原型施事和原型受事。如同音位是由更小的区别特征所组成的那样，原型施事和原型受事分别由两组基本特征组合而成。原型施事特征主要包括：1）自主性；2）感知性；3）使动性；4）位移性；5）自立性。原型受事特征主要包括：1）变化性；2）渐成性；3）受动性；4）静态性；5）附庸性。我们平常所说的施事、受事、感事、工具等语义成分在概念上最根本的区别，可以理解为施事性和受事性程度强弱的不同。原型施事和原型受事各自的特征最为明显，因此分别位于同一个连续体上的两级，所有其他语义成分都可可以看作为分布在这个连续体上的一些点,代表有关原型特征的某些典型组合。由于语义特征使然,这些语义点之间的边界往往是模糊的。"据此,汉语里充当主宾语语义角色的优先序列等级为：施事＞感事＞工具＞系事＞地点＞对象＞受事,由此反映出的规律为："施事性或受事性很强的语义成分,一般固定地充任主语或宾语。另外,同时出现的两个名词性成分,如果在施事性或受事性方面强弱程度相差过大,也就是说在序列上相距较远,它们在同句子成分的配位上,一般也只能有固定的格局。""接近序列中段的语义成分,以及不在序列两端,而彼此相距又较近的语义成分,在充任主语或宾语的倾向性方面差别不大,在配位问题上也有较大的灵活性。"沈家煊(1999)在讨论主宾语不对称现象时,也指出："说主语是施事、宾语是受事显然不符合事实,有的主语不是施事,有的宾语也不是受事,而且这种说法混淆了句法和语义两个不同的语法层面。然而,如果从典型范畴的理论着眼,说典型的主语是施事、典型的宾语是受事,那就完全正确了。"

综观前人研究,在宾语问题上得到的一致认识是：宾语是相对于动词而言的,在结构位置上处于动词之后;在意义上,是动词支配、关涉的对象,动词所联系的宾语并不局限于受事,还可以是结果、工具、处所、对象、目的、施事等多种语义类型;从"原型范畴"观来看,宾语在语义上构成了一个原型范畴。

由此对照本书足部位移不及物动词后的C部分：首先,在位置上它居于动词之后,没有动词也便没有该部分;在意义上,它虽不是受事性成分,但是与动作行为存在着诸多非受事性关系,比如动作行为发生的处所、进行的方式等,也即是动作行为"关涉"的对象。因此,从形式和意义两方面来看,C部分都应该被分析为宾语。不过,在宾语语义性质的确定上,我们认为,C部分固然离不开动词,但从根本上而言更离不开动词所在的结构,这个结构整体对于宾语语义性质的确定发挥着更为重要的作用。

虽然确定了C部分的宾语身份,但与及物动词带宾结构中的典型宾语相比,在句法上仍有一些差异,主要表现为：

(1) 在足部位移不及物动词的常规用法中,Vi 后的宾语成分往往为状语或补语,且能够用相应的介词等进行还原,而典型宾语不能做如此变换。例如：

跑山路——在山路上跑

跳大绳——用大绳跳

迈方步——用方步的方式迈

走人情——凭借人情而走（办事情）

奔走衣食——为了得到衣食而奔走

吃苹果——？

踢足球——？

打李四——？

不及物动词后的成分之所以能实现为宾语，主要是焦点化以及经济性原则使然。若按生成语法的观点，由于Vi不能指派宾格，因此它们虽在宾语位置上，但不是典型宾语，故杨永忠（2007）认为："NP跟在Vi后面，仅仅是类似宾语"。

（2）不同于典型宾语，Vi后的宾语不能前移，也不易作话题。例如：

遛画眉鸟——*画眉鸟遛

奔走国事——*国事奔走

他慢腾腾地走着八字步。——？他八字步慢腾腾地走着。

（3）Vi后的宾语，不能出现在"把"字句中。例如：

他去跑材料了。——*他去把材料跑了。

雄鹅伸着脖子一面叫着，一面迈方步——*雄鹅伸着脖子一面叫着，一面把方步迈。

年轻人不要总想着攀关系，应脚踏实地地多做事。——*年轻人不要总想着把关系攀，应脚踏实地地多做事。

（4）Vi后的宾语前面不能出现单数数量结构，例如：

逛公园——*逛一个公园

跑材料——*跑一种材料

遛大街——*遛一条大街

通过以上几点的对比可以看到，在句法上，与典型宾语相比，足部位移不及物动词后的宾语表现出非典型性。同时，这也印证了语义上宾语是一个"原型范畴"的观点。

2.1.2 足部位移不及物动词带宾结构的句法功能

从语料反映的情况来看,足部位移不及物动词带宾结构可以充当多种句法成分,如谓语、宾语、定语等。具体情况如下。

2.1.2.1 足部位移不及物动词带宾结构作谓语

(108) 小时候,我经常跟着祖父逛园林,现在我经常带着孙子逛园林。

(109) 越野汽车……可攀登60°陡坡和涉浅河。

(110) 英国首相和诸位大臣,多次奔走欧洲各国,要求尽快解除英国牛肉出口的限制……

(111) 七号监狱跑了一个犯人。

(112) 随着他身后,丁小鲁、林蓓、杨重和其他不三不四的人也硬着头皮登了场……

(113) 路上走着一群人。

(114) 紫罗兰上爬着一只毛毛虫。

(115) 头几年,一帮青壮年跑山外挣钱去了,闯来闯去,到底还是回到河上。

(116) 鼠王好象明白了我的目的,冷静地看了我一会儿,迈着悠闲而自信的步子来到床边……

(117) 你们也好抽出编辑到外面儿跑点儿好稿子呀。

(118) 不少农户家中有人生病不去求医,而是请神汉巫婆跳大神、烧香拜佛,白白花去自己赚来的血汗钱。

以上是足部位移不及物动词带宾结构作谓语的相关用例。现代汉语中谓语的构成较为复杂,它除了由一个谓词性成分构成外,还有多个动词或动词性短语连用作谓语的情形,最为典型的便是连谓短语和兼语短语作谓语。上述各例中,例(108)至例(114),谓语部分均由一个足部位移不及物动词带宾结构构成,而且动词后可以出现体标记,名词性宾语前也可以出现各种修饰性成分;而自例(115)始,便出现了足部位移不及物动词带宾结构和另外一个或多个动词性短语组成连谓结构或兼语结构共同作谓语的情形,如例(115)、例(116)的连谓谓语"跑山外挣钱""迈着悠闲而自信的步子来到床边";例

· 45 ·

(117)、例（118）中的兼语谓语"抽出编辑跑点儿好稿子""请神汉巫婆跳大神"，其中"编辑""神汉巫婆"分别既是动词"抽出"与"请"的宾语，又是"跑点儿好稿子"与"跳大神"的主语。此时，足部位移不及物动词带宾结构作兼语谓语的后段子谓语。

2.1.2.2 足部位移不及物动词带宾结构作定语

（119）你看，跑一百米的，跑跨栏的运动员，"大器晚成"怎么办？

（120）这两年，老太太和当年逃台的一个小叔子接上了头……

（121）"修复"遗址，固然可添一处"景观"，招来一些"逛热闹"的游客……

（122）为了养好鸡，她忍痛牺牲了走娘家跑亲戚的习惯，就连逢年过节，也难得抽出一会儿时间。

（123）地处晋西北高原的山西省神池县，过去是"男人走口外，女人挖苦菜"的地方。

（124）那不过是咱们中国人走人情的一种习惯罢了……

足部位移不及物动词带宾结构也可以作定语。通常情况下，动词与宾语结合得非常紧密，中间一般不能插入其他成分，前面通常也不出现 NP1，如例（119）至例（122）。其中，又可分为两种情况：如例（119）、例（120）所示，足部位移不及物动词直接作定语，而且它们所修饰的中心语恰是 NP1，其作小句的语序应该分别是"运动员跑一百米""小叔子逃台"；而例（121）、例（122）虽也作定语，但它们是动宾结构中宾语中心语的修饰性成分，属于内嵌性成分，其中被修饰的中心语有时候是 NP1，如例（121），有时不是，如例（122）。当然，也存在 NP1 与该结构体组成小句成分作定语的情形，如例（123）、例（124）所示。

2.1.2.3 足部位移不及物动词带宾结构作宾语

（125）他知道三个儿子走了两个……

（126）我们对日方非法阻拦中国公民登钓鱼岛并强行将中方登岛人员扣留表示强烈抗议……

（127）我喜欢徒步登高楼。

（128）所以，他一直希望重走"丝绸之路"。

(129) 因为重要官员大多是通过进士科发迹的，一考中进士就荣耀非凡，被看作是"登龙门"。

(130) 一有警报，人们就都跑到城外的山野里躲避，叫作"逃警报"。

足部位移不及物动词带宾结构还可以作宾语。作宾语时其前联系的体词性成分 NP1 可以出现，如例（125）、例（126）中的"三个儿子""中国公民"；也可以不出现而由该结构体直接充当，如例（127）至例（130），这样的用法更为常见。

2.1.2.4 足部位移不及物动词带宾结构作主语

(131) 跑一个人还不是平常事，何必看的那么严重？

(132) 他说："登黄山天下无山，观止矣！"

(133) 正月十五是看灯的日子，逛灯会猜灯谜便成了很多中国人欢度元宵佳节的首选。

(134) 因此，爬泰山改成了坐缆车。

(135) 做有心人，攀穷亲戚是吴天祥多年坚持的事情。

(136) 身挂71号号码的是代表中国队参赛的辽宁省队，跑第一棒的是崔颖。

(137) 深绿的是韭菜，浅绿的是小白菜，爬架的是黄瓜……

例（131）至例（135）是足部位移不及物动词带宾结构直接作主语的用例，其前未出现体词性成分 NP1；例（136）、例（137）则是该结构体带上"的"构成"的"字短语作主语的用例。不论是结构体直接作主语还是组成"的"字短语后作主语，与其作谓语时相比，所表达的动性有所减弱，指称意义较为凸显。

2.1.2.5 足部位移不及物动词带宾结构作补语

(138) 那种滋味美妙得如登仙境啊！

(139) 少剑波听了这些话，乐得蹦了一个高，差一点嚷出来。

有时候该结构体还可以作补语，但此类用法较少，在搜集的语料中总共发现了5例，且均有结构助词"得"作为补语标记。

以上是足部位移不及物动词带宾结构在句中的分布情况。通过对语料做进一步统计，发现该结构所能充当的各类句法功能中有主次之分。这可以通过承载每种句法功能的用例数量以及它们占有效语料总数（1700例）❶的比例来观察。如表2.2所示。

表2.2　30个足部位移不及物动词带宾结构之句法功能比例

句法功能	数量（例）	比例（%）
作谓语	1337	78.6
作定语	197	11.6
作宾语	115	6.8
作主语	46	2.7
作补语	5	0.3

从表中数据可见，作谓语是该结构的主要功能，其次是作定语和宾语，作状语、主语尤其是补语的用法较为少见。由于作谓语为其主要功能且该结构体充当谓语时用法较为灵活，若考虑其前所联系的A部分❷以及宾语的语义属性，可以看到由该结构体构成的句子构式及其表义的复杂性。故而，第3章构式角度的分析便主要是基于该结构体的谓语功能进行的，这对足部位移不及物动词带宾结构构式特征等相关问题的研究有着重要影响。

2.2　足部位移不及物动词带宾结构的语义特征

足部位移不及物动词带宾结构主要由动词和宾语构成，它们的句法性质决定了该结构体句法形式上的非常规性；而各自拥有的语义属性，又使得这种非常规性在现代汉语中有其存在的合理性。二者结合，足部位移不及物动词带宾结构丰富了现代汉语的表现力。

---

❶　这里的"有效语料"是指以北京大学现代汉语语料库和国家语委现代汉语语料库为考察范围，对其中的足部位移不及物动词带宾结构用例进行的统计，用例总数为1700例。

❷　在2.1.1.1节的讨论中可知，A部分的句法身份包括主语和主题（话题）两类，鉴于其与谓语部分存在的语义选择关系的疏密度，此处及以下相关章节中的讨论，A部分仅限于主语成分，不考虑主题（话题）性成分。

2.2.1 不及物动词的原型性特征

在 2.1.1.2 节中我们确定了足部位移动词的不及物性，但它们其后可以带宾语，因此又与及物动词有某些相似之处，将其归为不及物动词有争议。这种争议由来已久，学者为此做了孜孜不倦的探索，并取得了有益的研究成果，但关于两类动词的区分标准至今仍未达成一致见解。其中的原因，固然与语言现象本身的复杂性有关，但更重要的在于不及物动词作为一个范畴所拥有的"原型性特征"。

"原型范畴"理论是认知语言学非常重要的理论之一，它是在对"经典范畴"理论进行批判的基础上产生的。"经典范畴"理论认为：（1）范畴是由充分特征和必要特征的合取定义的；（2）特征是二元的（即非此即彼）；（3）范畴有着明确的边界；（4）范畴中所有成员的地位相等（张敏，1998）。根据以上标准划分出来的范畴必然是一个个离散的、绝对的类。然而，随着时间的推移，人们逐渐注意到这种范畴归类观的局限所在。最为明显的是，联系现实生活不难发现，并非所有的范畴都有一个清晰的界限。以"中年妇女"为例，到底多大年龄的女人可以归入这个范畴，恐怕难以有一个清晰的界定。认识到此类局限，学者对"范畴"进行了更加深入的研究。20世纪70年代中期，语言学家罗施通过大量试验并在总结他人研究成果的基础上，率先提出了"原型范畴"理论。

"原型范畴"理论的主要内容包括：（1）范畴中成员的地位并不平等，根据其所拥有的整个范畴全部共有属性的多寡，有较好的成员与较差的成员之分。范畴中最好的成员是这个范畴的原型，它拥有更多的与同类其他成员共有的属性，并拥有更少的与相邻类别成员共有的属性；其他成员有的这种原型性较为显著，有的则不显著，不显著的成员处于范畴的边缘位置，是范畴中较差的成员。（2）范畴中的各个成员通过"家族相似性"联系在一起。"家族相似性"是指类别中的成员如同一个家族，每个成员都和其他一个或多个成员拥有一项或数项特征，但是几乎没有一项特征为所有成员所共有，这样以环环相扣的方式通过相似性把所有成员联系在一起而组成一个"家族"，故称为"家族相似性"。不过，随着研究的不断深入，"家族相似性"成员不具有共有属性的说法遭到了质疑。吴世雄、纪玉华（2004）以"家具"这一范畴为例，指出家族相似性范畴中的成员"至少会存在着某些（虽然不是很多）共有属性，使得该范畴可以与其他范畴相区别而存在。"我们同意此看法，认为"家族相似性"所强调的交叉相似性与共有属性不应是对立关系，具有家族相似性的成员，也应该具有某些共有属性，以使它们能够划归为同一个范畴。(3)范畴的边界是模糊的。范畴与范畴之间不存在离散的、泾渭分明的界限，范畴之间构成一个连续统，彼此开放，而又相互重叠、渗透。(4)范畴是围绕其原型，而不是凭借充分必要条件建立起来的。范畴中的成员不一定都必须满足某一充分必要条件，它们以原型为中心呈辐射状组织在一起。

依据"原型范畴"理论，我们考察现代汉语中的不及物动词。

现代汉语中确实存在着一些典型的、为大家所公认的及物动词，如"吃、打、送、做、给、踢"等；也存在一些典型的、公认的不及物动词，如"休息、咳嗽、退却、旅游、微笑、出发、到来、游泳"等。但是，由于语言使用的灵活性及由此产生的语言现象的复杂性，导致现代汉语中出现了及物动词经常不带宾语，而不及物动词有些又可以带宾语的情况。如此，两个范畴间有了交叉性，使二者不可能存在非此即彼的清晰界限。而这种交叉性和模糊性，恰好说明了两类动词所形成的范畴符合"原型范畴"的特征。依据"原型范畴"理论，这样的范畴中必然有典型成员与非典型成员之分。作为不及物动词，"休息""睡觉"等在任何情况下都不能带宾语的动词，符合不及物动词的典型特征，它们是不及物动词范畴中的典型成员；而"跑""走""跳"等后面可以带非受事性宾语而具有结构和表义独特性的动词，逐渐偏离了典型不及物动词的特点，与及物动词有了一定的交叉性，但进一步参考2.1.1.2提出的动词的语义框架以及汉语母语者的语感等因素，这样的动词仍更多地具有不及物动词的特性，尚不足以扩展到及物动词范畴中。因此，它们仍是不及物动词，只不过是范畴中的非典型成员。

由此来看，不及物动词形成了一个包含典型成员与非典型成员的原型性范畴。进一步概括，在这个范畴中，不能带宾语而只需一个"动作行为的发出者"便可足意的不及物动词是典型（原型）成员，而能够带非受事宾语的不及物动词则是非典型成员。基于此，本书所考察的对象，更为确切的说法应该是足部位移类非典型不及物动词带宾结构研究。

正是由于这些"非典型成员"的存在，造成了及物动词与不及物动词范畴的交叉性与模糊性，加之汉语缺乏诸如印欧等语言中较为方便的形态变化等形式鉴别手段，使得汉语中动词及物与不及物的明确归属确实有着较大的困难，由此也难免存在研究者看法难以统一的局面。认识到这一点，在两类动词的区分上，我们不应囿于"经典范畴"理论，企图找到二者截然分明的界限。不过，具体到某些研究对象，对于所涉及的相关动词，研究者还是希望能够划分出其范畴所属。这一点，在具体的操作过程中，还应考虑更多的因素，如动词所联系的句法语义框架、汉语母语者的语感、出现频率等。也正是基于这样的综合考虑，本书将所研究的30个足部位移类动词划归至不及物动词范畴。

2.2.2 原型范畴与足部位移不及物动词的多义性

"原型范畴"理论在多义词的研究上也取得了显著成绩。该理论认为，多义词也是一个范畴，有中心意义和边缘意义之分。所谓"中心意义"是一个词的基本意义、核心意义，是其他意义引申的基础。在中心意义的确定上韦尔斯波尔（1998）提出了三个条件：（1）按照经验，当说到某个词时首先想到的那个意义；（2）在多义词的多个义项中使用频率较高的那个意义；（3）是能够扩展出其他意义的基础的那个意义。以"走"为例。《词典》的释义为：（1）人或鸟兽的脚交互向前移动：行～；（2）〈书〉跑：奔～；（3）（车、船等）运行；移动；挪动：钟不～了；（4）趋向；呈现某种趋势：～红；（5）离开；去：车刚～；（6）婉辞，指人死：她还这么年轻就～了；（7）（亲友之间）来往：～娘家；（8）通过：咱们～这个门出去吧；（9）漏出；泄漏：～气；（10）改变或失去原样：～样。当汉语母语者看到这个词时，通常首先想到的是第一个义项，该义项在交际中（指的是在没有特殊语境的情况下）比其他义项有更高的使用频率，其他义项能够通过隐喻、转喻等方式与它产生直接或间接的联系，由此来看第一个义项是中心意义。围绕中心意义，"走"的所有义项构成了一个具有家族相似性的原型范畴。

用原型范畴研究多义词能够比较清楚地显示词语多个意义之间的关联。但问题是，我们传统所认为的多义词的多个意义是否确为这个词本身所有？仍以"走"为例，就中心意义而言，"有生命的人或鸟兽等动物"是该动作行为的常规主体，它们与"走"构成正常匹配，二者相互预设，密不可分。然而，正是这种常规性与密不可分性反而容易导致一种习焉不察的结果：本为结构整体所有的意义却简单归结为动词本身。因此，确切地说，动词的中心意义应该是格式的中心意义。从第 2 个义项开始，伴随搭配成分的非常规化，将"走"的多个意义都归结为动词自身所有，更值得商榷。如第 2 个释义——"跑"，如果不联系其搭配成分，就此解释人们会有疑惑。因为现代汉语中，"走"和"跑"是有明显速度差异的两种动作行为，为何此处可以互释？原因在于"走"与"奔"连用，"跑"义存在于"奔走"中，也即"跑"义所得依托"奔走"结合，非其自身所有。其他义项亦是如此，都是由于"走"与非常规成分组配而形成了不同的格式，并进而在相应的格式中获得了不同的语义解读。如义项（3）（5）（6），当"走"搭配的动作行为主体突破常规性"有生命的人或鸟兽"，而为"车、船、钟表"等无生命物或者"失去生命的人"代替时，这种异常搭配更引人注意。当人们借助相关的生活或认知经验理解了这种搭配所表达的意义时，便能够接受并使用此类用法，伴随使用频率的不断增加，格式义固化，动词在格式中获得的新意义也逐渐显现出来。不过，这种新意义与中心意义关联密切，它们明显保留了"移动"义，只是由于搭配主体的特有属性，使得这种意义不侧重于"足部"，而是凸显"移动"——因移动而产生位置的变化，具体解释为"运行、挪动""离开""死"。当然，义项（6）的理解需要借助特定的文化背景知识。义项（7）（9）（10）更有其特殊之处：作为不及物动词的"走"在这几个义项的用例中在其后带了宾语，形式上的非常规搭配加之宾语语义性质的影响，使得此类格式整体表义有独特之处，这种独特性反过来又制约着对"走"意义的解读。在此种情况下，对"走"的准确理解更为依赖其所在的格式。

通过对"走"多个义项的分析，我们认为词典中所列的"走"的各个义项都与之所在的格式有密切关系，而非动词本身所有。动词所在的格式，按照构式语法的观点，也即构式。因此，从构式观来看，与其说动词多义，不如说构式多义更为恰切。[1] 正如张建理（2012）指出的："构式观用一构多义来涵盖动词的一词多义，可以解释隐喻和转喻对词义引申的动因，能顺利地处理多义观难以处理的复杂情况，并兼顾语言描写的节俭性和明晰性。"动词的多义

---

[1] 当然，在此并不是否定词典的作用，词典毕竟是为语言使用者服务的，义项详细的划分便于词典使用者尤其是汉语非母语者的学习。但是，从语言研究的角度来看，还是应该认识到词语所在格式对其意义理解的作用，这样才能剥离表面现象看到本质。同时，这样的整体观还可以促使我们进一步思考多义词语义项的分合问题，使义项的划分更加合理。

性解读源自构式的多义性表征，这种认识更具有心理现实性，也更能够使描述合情合理。我们所考察的30个动词，其中有很多属于词典中的多义词，对于这些意义的归属，我们同样认为它们来自构式，这一点在第3章会做详细论述。当然，这些多义构式也同"原型范畴"理论下的多义词一样，围绕中心义构式延伸出多个子类构式，它们借助一定的途径相互联系，共同构建具有家族相似性的构式网络系统。

2.2.3 宾语的语义类型

以往研究的共识为：宾语是与动词相对而言的，宾语意义的确定或说语义类型的划分也需以动词为参照。对于宾语，尤其是名词性宾语的语义类型，前辈学者进行了有益探索。例如，李临定（1983）划分出的现代汉语中的宾语语义类型有：受事、结果、工具、对象和目的、处所、施事以及其他几种难以归类的宾语；陈建民（1986）在分析动词与名词宾语的语义关系时，提到的宾语语义类型有：施事、受事、系事、结果、方式、原因或目的、称谓、领有、时间、处所等；孟琮等（1999）进行了更为细致的分类，将名词性宾语总共分为了14类：受事宾语、结果宾语、对象宾语、工具宾语、方式宾语、处所宾语、时间宾语、目的宾语、原因宾语、致使宾语、施事宾语、同源宾语、等同宾语以及杂类。从各家划分的结果可以看出，宾语语义类型的划分大同中有小异，这真实地反映了动词与宾语关系的复杂性。这种复杂性为宾语语义性质的界定带来了困难，如"闯红灯""上年纪"等，由此出现了"难以归类的宾语"或"杂类宾语"。

当然，即使是学者划分出来的公认的宾语语义类型，也并非仅仅依托动词与宾语之间的语义关系实现的。如"跑材料"，"材料"按照以往观点，为"目的"或"动机"宾语，但深入分析可见，这种宾语语义属性的获得，超越了动词和宾语词汇意义的简单相加，而是汉语母语者借助他们所拥有的生活经验、百科知识，在理解动宾结构体整体含义的基础上明晰了动词与宾语所指的关系。因此，就宾语语义类型的确定，我们认为，不仅依赖动词更依赖动词所在的结构整体，且结构体的凝固性越强，对宾语语义类型的规约力越大。这仍是构式观下的宾语语义类型的确定原则，对此后续会有详细论述。在此，暂把宾语在构式中凸显或获得的语义性质简单归类如下：

2.2.3.1 表示动作行为发生的处所

（140）我觉得到公园遛弯也是遛，总去公园也太没意思，何不去<u>遛胡同</u>呢，还是自己的兴趣所在。

（141）北师大的同学在宝贵的双休日里，不是睡懒觉，不是<u>逛马路</u>，不是喝酒打麻将，而是"夙兴夜寐，寻事去做"。

（142）作战部队反映大盖帽不便于爬山、<u>钻林子</u>，周恩来立即指示改换解放帽。

（143）听到这消息，王洪章当即兴高采烈地<u>奔县城</u>而去，一进单位，就被守候在那里的公安人员扑倒在地。

（144）田耀武一贯对这些活动没有兴趣，他积极<u>奔走官场</u>，可也没得攀缘上去，考试完了，只好先回家里来。

2.2.3.2 表示动作行为产生的结果

（145）具"黑马"相的法国"黑马"多库里在第九栏几乎绊倒，跌跌撞撞地<u>跑了最后一名</u>，成绩是 13 秒 76。

（146）内行的人看得出来，这是<u>走了一个"心"字</u>。

（147）再说，咱们的新洋服也六十多块一身呢；<u>爬一身土</u>？不！

2.2.3.3 表示动作行为发生或进行的时间

（148）中国已经把合理开发利用与保护海洋资源和环境列入<u>跨世纪</u>的国民经济和社会发展总体规划之中……

（149）正确的做法是将遛早改为<u>遛"晚"</u>。

（150）第二次世界大战硝烟正浓，四五年的时间里，德国被封锁，普通人<u>蹦日子</u>极难熬。

2.2.3.4 表示动作行为所使用的工具

（151）春天海棠开花的时候，小方子和她同班的女孩子们边唱边玩<u>跳皮筋</u>。

（152）倘若周王的卫士们果然死守宫城，那就得<u>爬云梯</u>登城了。

2.2.3.5 表示动作行为所依据的方式

(153) 军队等按照不同的兵种或编制排列成一定的队形，依次走正步、行注目礼通过检阅台，这种队形叫分列式。

(154) 跑了一阵，他又叫牲口慢下来，迈小步走。

(155) 他是个初学者，但是很能理解斯葛特的舞蹈，并且乐意同他在大奖赛上跳新步法。

2.2.3.6 表示动作行为影响之对象

(156) 每晚7时至8时，有许多人在遛大狗，且都没有拴链子，公园门上明明挂着"禁止宠物入内"的牌子，但形同虚设。

(157) 兵书上说："兵不厌诈"，诸葛亮就用"空城计"巧退司马懿大军。

2.2.3.7 表示动作行为的施事者

(158) 前面跑着一群日本鬼子，在后面追赶的是八路军……

(159) 记者在黄南州同仁县西卜沙和尖扎县国家森林公园坎布拉林区等地采访，看到公路两旁走着成群的砍柴人……

(160) 草叶上跳了一只蚂蚱。

2.2.3.8 表示动作行为的动机

(161) 正月十五闹元宵，正月十六遛百病。

(162) 我去外地奔点儿货。

(163) 倘若有人乐于向人家攀近乎，妄言中国绘画艺术落后的论调，不能认为是实事求是的态度。

2.3 本章小结

本章主要从句法、语义两个角度对足部位移不及物动词带宾结构的特点加以分析。句法方面，以不及物动词为界，连同动词前所联系的成分，将该结构划分为 A、B、C 三个部分。考察发现，A 部分主要由体词性词语构成，偶尔也出现谓词性词语。体词性词语主要涉及具有极强事物性的词语、表机构的名词性词语、强处所性词语以及表时间的词语。其中，强事物性词语、机构性词语和强处所性词语在语义上与主要动词有着紧密的选择关系，在句法上又通常位于句首位置且不带介词，符合主语的判定标准，因而由它们构成的 A 部分，其句法性质为主语；而表时间的词语以及谓词性词语，要么与主要动词没有直接的语义选择关系，要么具有较弱的施动性，所以尽管也经常位于句首，但不宜分析为主语，看作话题更为合适。B 部分，借助框架语义学以及考察动词带宾语的出现频率等，证明了本书所研究的 30 个足部位移动词的不及物性质，且 B 部分多数情况下由光杆 Vi 构成，有时会出现动词重叠或其后带时体标记的用法。C 部分主要由名词性词语构成，其中既有强事物性词语，又有表处所或机构的词语。它们出现在动词后时多为光杆形式，有时候也出现表多数量的数量结构；从结构与意义两个角度来看，C 部分的句法性质应分析为宾语。同时，足部位移不及物动词带宾结构在句中可以充当多种句法成分，其中，作谓语是其主要功能，也可作定语和宾语，而作主语尤其是补语的用法较为少见。

关于该结构语义特征，考察发现，不及物动词具有"原型范畴"特征，因此及物动词与不及物动词的区分并非截然分明，它们在各自的范畴中都有典型成员与非典型成员之分。对不及物动词而言，典型成员是那些在语义上只需联系一个"动作行为的发出者"而无须再涉及他物便可足义的动词，表现在句法上即在任何情况下都不带宾语的动词；而非典型成员则是指在某些情形下可带非受事性宾语的动词。足部位移不及物动词，因其后所带宾语的非典型性，带宾频率明显低于不带宾频率，与及物动词相比，它们所带宾语的数量和语义类型均受限等因素，成为现代汉语不及物动词范畴中的非典型成员。此外，本书所考察的 30 个动词中，很多成员为多义词。与传统认识不同，我们认为动词的多个意义并非其本身所有，而是与动词所在的格式密切相关。同样，足部位移不及物带宾结构关涉的宾语，其语义性质的确定，亦与宾语所在的涉及百科知识的格式有着更加紧密的关联，也即宾语语义身份的确定，在明确所在格式整体意义的基础上更易得到准确解读。

3 足部位移不及物动词带宾结构的构式分析

3.1 足部位移不及物动词带宾结构的构式性与构式化

足部位移不及物动词带宾结构作为现代汉语中一种比较特殊的现象,其特殊性从构式角度能够得到很好的解读。对一种语言现象进行构式分析,首先需要判定该现象所关结构的构式身份,足部位移不及物动词带宾结构(以下简称 Vi_{足部位移}+O 结构)亦然。同时,据观察,伴随动词与宾语搭配情况的变化,该构式在共时层面上经历了一个由非典型构式到典型构式的变化过程,这一过程被称为共时层面的"构式化"。

3.1.1 足部位移不及物动词带宾结构的构式性

3.1.1.1 构式性判定

戈德伯格(1995)对构式所下的定义成为起初构式性判定的重要理据:C 是一个构式当且仅当 C 是一个形式—意义的配对〈F_i, S_i〉,且 C 的形式(F_i)或意义(S_i)的某些方面不能从 C 的构成成分或其他先前已有的构式中得到完全预测(吴海波,2007)。

此时,在强调"形义搭配"的前提下,"不可完全预测性"是构式判定的重要依据,它凸显了构式独立于其组成部分的独特性。"不可完全预测性"主要体现为三个方面：(1) 一个语言形式其构成成分间的语法关系不能用常规的语法规则来解释；(2) 各构成成分意义的简单相加不能够得到该形式的整体含义；(3) 该语言形式具有特殊的语用意义。当一个语言形式至少满足其中一个方面的不可预测性时，便可以说它是一个构式。也即，有的构式在形式上是不可完全预测的，有的构式在意义上是不可完全预测的，而有的构式则在语用功能上是不可完全预测的，还有的构式兼有两种或两种以上的不可预测性，但只要满足其中一点，相应的结构就可被判定为构式（王明月，2014）。

随着构式研究的渐趋深入，有的学者注意到，基于"不可完全预测性"定义构式，会将语言中有着很高使用频率而固化的语言表达式排除在外（兰盖克，2005）；来自心理语言学的证据也表明，即使是完全组合性的结构也可以作为构式存储于大脑中。[1] 基于这些认识，戈德伯格（2006）对构式的定义进行了调整，重新表述为：任何语言格式，只要其形式或功能的某些方面不能从其组成部分或其他已经存在的构式中得到完全预测，就应该被看作为一个构式。此外，即使有些语言格式可以得到完全预测，只要它们的出现频率很高，仍然会被语言使用者存储为构式（吴海波，2013）。

从构式定义的调整可以看出，戈德伯格对构式的理解进入了一个更高的层面。根据"人类识解世界的方式"与"所见即所得"的原则，有很高的出现频率，即使是完全可预测的结构也可以看作为构式。由此，构式的定义从形式与意义的配对延伸到形式与功能的匹配（顾鸣镝，2012）。其中的"功能"包括了语义、语用和认知诸因素，这也进一步反映了构式语法所秉持的语言能力与一般认知能力、语义与语用不存在严格分界线的主张，如此，焦点成分、话题、语域等语用因素在构式里与语义相伴而存在。

调整后的定义更加清晰地体现了体验哲学观和认知语言学的理论背景，也为构式的判定提供了更为详细的依据。我们即据此确认 $Vi_{足部位移} + O$ 结构的构式身份。

现代汉语不及物动词的典型用法为 $S_{动作行为主体} + Vi_{p(时体成分、句末语气词等)}$[2]，动词后无须带宾语在结构和表义上便可自足。而本书的足部位移不及物动词，其后

---

[1] 笔者就定义修改的缘由通过 E-mail 向戈德伯格教授请教，她回复道："There's clear psycholinguistic evidence that patterns can be stored even if they are fully compositional."

[2] 根据贺阳（1994）的考察，由不及物动词形成的基本句 $S + Vi_p$ 中，不及物动词后的成分主要有句末语气（词）、否定词、时体成分、情态词等。

· 58 ·

不但带了宾语，而且宾语的语义类型多样（参见2.2.3所示），这显然无法从已有不及物动词的典型句法结构得到预测。因此，该结构首先具备了形式上的不可完全预测性。

从意义角度来看，Vi$_{足部位移}$+O结构所表意义多不能从组成成分意义的加合中推知。例如：

（164）<u>跑</u>了十几家文化公司，碰了一鼻子灰，生了一肚子气……

（165）不要让企业为一笔买卖<u>走4家单位</u>，企业没有时间精力去四处奔波。

（166）这是防止私下拉关系、<u>走后门</u>，避免发生舞弊现象。

（167）或许我是虚荣，我不该去<u>攀高枝</u>，鸡就是鸡，鸡不是住梧桐树的！

以上Vi$_{足部位移}$+O结构，并非简单地表达"在文化公司跑""在4家单位走""从后门走""往高枝儿上奔"这样的字面组合义，实际内涵为"（某人）奔走于某处（以达到某种目的）"，"目的"义蕴含于结构体中。这种意义的获得与宾语的语义性质以及人们的认知、生活经验有关，又可分为两种情况：一是，如第2章所述，任何由人组成的单位、组织、团体等，都可统称为"机构"，用来表述"机构"的词语便为"机构性词语"，如上述例句中的"文化公司""单位"。机构性词语的特殊之处在于，词语的指称对象占据一定的空间，因此具有一定的"处所性"，但同时它们还拥有纯处所名词所不具有的某些特定"职能"，我们称之为"功能性"。根据人们的认知经验，这样的"功能性"往往是动作行为主体进行相关动作行为的目的所在，通俗地讲即"为了达到某种目的而去往某处"。如此，当具有"功能性"的名词成分充当Vi$_{足部位移}$+O结构的宾语时，因"功能"而激活的"动作行为的目的义"便较容易得到表达。二是，如例（166）、例（167）所示，其中的宾语看似也表"处所"，但它们与纯粹的处所性词语以及机构性词语所含的"处所性"又有所不同，主要表现为意义的隐喻化。这种隐喻性意义离不开结构整体所具有的特殊含义，也就是说，只有在理解了这种整体性的特殊含义后才能进一步明白宾语的语义所指。如"走后门"所表意义实则为"通过采用不正当手段而达到某种目的"，"攀高枝"则表达"通过攀附有权势的人或利益集团等来达到某种目的"。"目的义"在结构中凸显，并使得"后门"并非是与"前门"相对的具体处所，"高枝"也并非是"高高的树枝"义，它们因所在结构整体的抽象意义而具有了隐喻性指称义。同时，结构中的动词也偏离了足部位移原型义而有了新的意义解读。所以，借处所而表达的"目的义"绝非宾语的字面义与动词的原型义相加，显示了结构的独特性。

再如：

(168) "遛晚"还蛮有乐趣的，跟"遛早"有着天壤的区别。(http://blog.sina.com.cn/s/blog_4ae2a144010005sw.html)

(169) 何信夫就是凭着这样一个信念，带着一群农民女运动员走过了不平凡的28年。

(170) 第二次世界大战硝烟正浓，四五年的时间里，德国被封锁，普通人蹦日子极难熬。

以上 Vi$_{足部位移}$+O 的意义可概括为"（主体）动作行为的发出关涉某一特定时间"。结构独特的语义内涵在于因"时间"的凸显而赋予结构整体形象的表述，从而具有一定的主观性，表达动作行为主体或说话人对事件的主观选择或评价。如"遛晚"与"遛早"相对，表明了主体对"遛"这种动作行为发生时间的主观选择，更凸显了"晚"与"遛"这种行为的适切性；例 (169)、例 (170) 表达了说话者对与时间有关的动作行为事件的主观评价——对事件所持有的或褒扬或怜悯的情感态度。尤其是"蹦日子"这样的结构，通过"蹦"所表达的"自下而上的方向性并且需要付出一定的努力"的语义内涵，而易使人们联想到"蹦日子"所蕴含的"艰辛度日"的意义，传递说话人的主观情感。这样的"主观性"意义非组成部分意义相加可得。

又如：

(171) 春天海棠开花的时候，小方子和她同班的女孩子们边唱边玩跳皮筋。

(172) 在"跳大绳"环节中关晓彤、白举纲变成孩子王，组织了十几个韩国小学生跳大绳……

(173) 咱们跑货车能赚钱吗？

以上 Vi$_{足部位移}$+O 的意义可概括为"（主体）以特定的方式使用某种工具"。其中"工具"义得到凸显，且动词发生了一定程度的抽象化，也即动词表示什么样的具体动作已不重要，侧重的是说明使用相关工具的方式和目的（任鹰，2005）。此外，结构整体还蕴含着主体的主观选择性，即根据需要对不同工具作出选择。如"跑货车"表达的是通过与同类型工具"客车"等的比较而作出的选择，"跑货车"意味着不是"跑客车"或其他，体现了主观选择性。"工具义"的凸显、动词义的抽象化以及动作行为主体的主观选择性，亦不能从动词与宾语字面义的组合中得到预测，结构整体具有独特的语义内涵。

再如以下用例：

(174) 没有人<u>跑之字形</u>，全是直线，上上下下，投篮前没有太多传递。

(175) 如在步法上，狼狈挣扎时<u>走跪步</u>，少女在欢乐时甩辫梢<u>走碎步</u>，以描绘人物心态。

(176) 台上不但人走道<u>迈方步</u>，连马走道都<u>迈方步</u>。

(177) 不少农户家中有人生病不去求医，而是请神汉巫婆<u>跳大神</u>、烧香拜佛，白白花去自己赚来的血汗钱。

(178) <u>走职称</u>，我们是最低的；<u>走职务</u>，什么"长"我们都不是。

此类结构，重在凸显动作行为的方式，其意义可表述为"（主体）动作行为的进行依据某种方式"。这种"方式义"的解读又有难易之别：如例（174）至例（176），其中的宾语所指本身较易理解为一种"方式"，再加之它们与动词的联系较为直接，此类结构表"方式义"理解起来相对容易；而例（177）、例（178）中的宾语孤立地看难以断定其性质，只有当它们与足部位移不及物动词结合形成 Vi$_{足部位移}$＋O 结构以后，并借助人们的认知经验或百科知识才能获得"方式义"的解读，进而明确宾语的语义性质。因此，这样的结构其意义亦不能由动词与宾语词汇意义的相加得到。

再如以下各例：

(179) 给朱老巩使了调虎离山计，又掀大腿<u>迈了我个过顶</u>。

(180) 做有心人，<u>攀穷亲戚</u>是吴天祥多年坚持的事情。

(181) 拿草珠子的老头儿感叹地说："我们每天起来，连个<u>遛画眉</u>绕弯儿的地方也没有了！"

(182) 兵书上说："兵不厌诈"，诸葛亮就用"空城计"巧<u>退司马懿大军</u>。

此类结构，凸显动作行为关涉之对象，表示"动作行为向某个对象发出而使其受影响并产生某些或隐或显的变化"义。例（179）"迈了我个过顶"是说对方作出"迈"这一动作给予了"我"某些影响，使"我"在行为或心理上产生一定变化；例（180）"攀穷亲戚"，则是指通过对"穷亲戚"施惠而使其受益，但同时亦是动作行为主体"目的"的达成，"受影响义"与"目的义"共存于该类结构中，赋予结构独特的语义内涵；"遛画眉"则表达了主体

· 61 ·

通过发出"遛"这样的动作使得"画眉"受到影响并进而产生某些变化（比如因吸收新鲜空气而更加活跃等）；"退司马懿大军"在说明司马懿的军队由进攻变为后退状态的同时，还隐含着这种变化给"诸葛亮"阵营带来的有益影响。此类"受影响（内含变化性）"义亦不能从组成成分字面义相加中推知。

又如：

（183）他没想到，金秀突然翻身跳了起来，眼睛里<u>蹦着泪珠</u>，朝他吼道："你还我儿子！……还我儿子！"

（184）海龟在滨海路边伸脖探海，大海螺悄然立于傅家庄公园门口，一些路边裸露的岩石上则<u>爬着螃蟹</u>。

（185）<u>监狱里逃了一个犯人</u>。

（186）小时候听一个到过北京的大人说，北大校园里能<u>跑汽车</u>，他就天天想，可怎么也想不出来能跑汽车的校园是什么样的。

（187）君子不记小人过，宰相肚里能<u>跑火车</u>。

（188）这烟<u>跑了味儿</u>，就不地道了！

（189）慧素已经把行李往三轮车上放了，张伯驹一把拉住她道："走，走，瞧那边，瞧！"声音激动得已经<u>走了调儿</u>。

此类结构中的宾语，以往研究中称为"施事宾语"[❶]。不及物动词带施事宾语也是学界关注较多的一种现象，而且当与之搭配的主语部分由"处所"词语充当时，它们构成现代汉语中的"存现句"。"存现句"包括存在句和隐现句，隐现句又可表"出现"和"消失"两种意义，因此"存现句"表达的意义为"存在、出现或消失"。就 $Vi_{足部位移}+O$ 结构而言，当着眼于其前的主语构成时，它与存现句在句法形式和意义上存在着相似与相异的关联，较为复杂。例（183）至例（185）为处所词语作主语，有生施事充当宾语的用例，其意义可概括为"某处出现了某种新情况或存在/消失了某人/某物"，它们在句法语义特征上符合存现句的要求，构成符合常规规则的存现构式。例（186）、例（187）句法形式虽与存现句相同，但意义上并非表达"存现"义，而是凸显"容纳能力"义，根据容纳主体性质的不同表义各有侧重：例（186）"北大校园"作为处所名词充当主语，与"跑汽车"共现，客观表述校

[❶] 此处的"施事"取广义，包含那些即使是"无生"，但确实是动作行为实施者的无生事物。

园自身所拥有的容纳汽车跑的能力；例（187）的"容纳能力"带有超常规的夸张色彩，因为正常情况下"肚子"不可能是"跑火车"的常规场所，但这样的搭配能为人们接受并广泛使用，因为这种异常关联凸显了说话人对行为主体所具有特殊的"容纳能力"的评判，主观评判色彩蕴含其中；例（188）、例（189）在主语的构成上明显不同于存现句，并非为处所，但宾语仍可理解为"施事"，并且结构整体意义侧重表达"消失"义——"跑了味儿"即"消失了原来的味道"，"走了调儿"更确切的理解是"偏离了正确的腔调"，这种"偏离"其实也是一种广义的"消失"，故可与存现构式放在一起讨论。

此外，还有下述用例：

（190）上午我随他去跑一些事，中午他请我在街上吃。

（191）不少游客下了火车、轮船之后，改骑这种免费车逛市容、参观博物馆或去市中心购物，既经济又方便。

（192）十几年来，他们跑征地、奔贷款、忙招商，直把这些市场办得红红火火。

（193）人们积年累月，奔走衣食，贫困不堪言。

（194）左眼跳财，右眼跳灾，如果左右眼皮一起跳呢？

（195）"偷我头上一个'乃'，还来和我攀交情。"

（196）正月十五闹元宵，正月十六遛百病。

以上 $Vi_{足部位移}+O$ 结构所表意义可概括为"（主体）动作行为的实施与某种动机有关"，这种"动机"实则包括了"原因"与"目的"两种意义，之所以合并，是因为吕叔湘（1982）指出："目的和原因（尤其是理由）相通：来自外界者为原因，存于胸中者为目的。……这就是原因可以换成目的说，目的可以换成原因说了。因此，目的的表示也常常就用原因的表示法。"张云秋、周建设（2004）也证明了表原因和表目的两类宾语在句法表现上没有本质差异且在语义上密切相关，因此将其合并，统称为"动机宾语"。我们同意这样的分析，并借用"动机"这一名称来概括此类结构的意义。"动机义"显然不能从组成成分字面义的加合中推知，甚至只有在理解了结构整体含义的基础上，才更易明白各部分的语义所指。可以说，这样的整体义超越了组成成分词汇义的组合，尤其是那些在形式和意义上都具有了很强的凝固性，一般不能随意改变的习语格式，如"左眼跳财，右眼跳灾""攀交情""遛百病"等。

总之，以上各类 $Vi_{足部位移}+O$ 结构，其意义逐渐脱离了组成成分意义的加

· 63 ·

合而具有了独特的语义内涵，尤其是在表"存现""动机"类结构中，这种独特性更加显著。因此，从这个角度看，Vi_{足部位移}+O结构又具有了意义上的不可完全预测性。

当然，也有一些Vi_{足部位移}+O结构，其整体意义基本接近组成成分意义的直接组合，例如：

（197）他们在气候条件好的高原上生活繁衍，从孩提时代起被迫走远路，<u>跑山路</u>。

（198）当他默默地点了一点头后，站起来就往外走，刚要<u>迈门坎</u>，看到了杨子荣，他马上止了步。

（199）整日道貌岸然、威严不可近的老家伙们，突然变成顽童，嬉笑追逐，<u>爬桌底</u>，滚地板，大大地疯了个半宵。

（200）他的随从官员及中方接待部门都劝他改换日期，但他拒绝了，硬是<u>穿马路</u>，过地道，斜插天安门广场，一路小跑，赶在节目开演之前到达。

（201）我们从浏阳撤下来，沿着罗霄山脉<u>转了好多地方</u>……

（202）我觉得到公园遛弯也是遛，总去公园也太没意思，何不去<u>遛胡同</u>呢，还是自己的兴趣所在。

（203）具"黑马"相的法国"黑马"多库里在第九栏几乎绊倒，跌跌撞撞地<u>跑了最后一名</u>，成绩是13秒76。

（204）内行的人看得出来，这是<u>走了一个"心"字</u>。

（205）再说，咱们的新洋服也六十多块一身呢；<u>爬一身土</u>？不！

（206）花样滑冰小李<u>滑了个第一名</u>。

（207）而刚刚夺得欧锦赛冠军的希腊队则<u>前进了21名</u>，跃升至第14位。

以上各例所示的Vi_{足部位移}+O结构，其意义较为直接，基本等于动宾词汇意义相加之和。其中又分为两种情况，一是如例（197）至例（202）所示，例句中的宾语为典型处所宾语，动词为原型"足部位移"义动词，二者组配形成的结构意义可概括为"（主体）动作行为的进行关涉某一实际处所"；二是如例（203）至例（207）所示，结构意义表达"（主体）动作行为的实施造成了某种结果的出现"，这样的意义也基本可以从动词与宾语义的组合中推知。尽管如此，我们仍将这两种类型看作构式，原因在于：（1）基于戈德伯格的大构式观。（2）这样的结构仍具有形式上的不可完全预测性。同时，如下面即将讨论的内容所示，语用上的焦点化使得"处所""结果"义在此类结构中得到了凸显，而不同于与其有关的其他结构表义的重点所在。此外，由于这样的结构在汉语中有着较高的使用频率，依据"高使用频率"原则也可以将其视为构式。

最后，从语用角度考虑，Vi$_{足部位移}$+O 结构下的很多子类用例可以变换成相应的介词或其他相关结构，例如：

跑山路——在山路上跑

走碎步——按照"碎步"的方式走

跳大绳——用大绳跳

跑一些事——为一些事而跑

奔走衣食——为了得到衣食而奔走

身后跑着随从人员——随从人员在身后跑着

路上走着一群人——一群人在路上走着

当然，也有一些变换后语感上并不自然甚至不可接受的用例，例如：

跑了调了——？调跑了

走了形了——？形走了

蹦日子——*日子蹦

遛百病——*百病遛

可变换的情况，变换前后语用功能有所差异，二者的话语焦点不同：Vi$_{足部位移}$+O 结构焦点在宾语，结构整体重在说明动词后宾语的特点以及它们给整个结构表义带来的影响；而相应的介词或其他相关结构，焦点要么在动词前的状语位置，要么在动词本身，以对与动作行为有关的特定形式或主体因动作行为的发出而具有的状态进行报道。而那些不可变换的情况，更加说明了该结构在现代汉语中存在的理据和价值。这也印证了构式语法所主张的句法形式"无同义原则"[1]。另外，从表达效用来看，该类结构紧缩性强，但包含的语义内容却很丰富，符合用尽可能少的投入获得尽可能大的表达效果的经济性原则。

总之，从句法形式的非规则化、结构表义的不可完全预测性以及语用功能上的特殊作用来看，Vi$_{足部位移}$+O 结构符合构式判定的标准，将其看作现代汉语中独立存在的构式有着充分理据。

---

[1] 语言中的两个结构在句法上不同，那么它们在语义或语用上必定不同。Goldberg, A. E. Constructions: A Construction Grammar Approach to Argument Structure [M]. Chicago and London: The University of Chicago Press, 1995: 65.

3.1.1.2 构式性分析——形义关系的透明度

施春宏（2013）指出，构式语法认为，构式所具有的某些特征不能或不完全能从其组成成分推知，这种阐释可以理解为构式至少有某个（些）方面的特征是从构式的线性序列中"浮现"出来的，这种"浮现性"体现了构式所具有的"构式性"，"然而，如何分析这种构式性及其浮现特征，构式语法似乎语焉不详，而这又是构式理论所必须解决的问题"。具体如何分析，文章指出与句式"形义关系的透明度"密切相关："作为图式性构式的句式，如果要对它有比较充分的认识，就既需要研究其形式的和意义的'构'（结构和建构），而且还要在此基础上分析作为形义配对关系的'式'。既然句式有'构'，并因'构'而'式'，'式'中的某些个特征是从'构'中浮现出来的，那么就需要分析：'式'中的哪些特征是从'构'中继承过来的，哪些特征又是'构'所无而浮现出来的，'构'的成分又是如何影响我们对'式'的特征的认识的。这就涉及如何认识特定句式形义关系的透明性即可分析性、可推导性问题了。"这一问题的提出及解决方案，我们认为有助于深化对构式的认识并促进构式语法理论不断完善。就 $Vi_{足部位移}+O$ 构式而言，形义关系的透明性分析亦适用，而且借此对该构式所具有的构式性进行深入细致的剖析，比仅说明它是构式更有说服力。

对于"透明"，施春宏（2013）是这样界定的："所谓透明，就是一个结构体的整体特征能够从其构成成分及其关系的特征中推导出来。"而判定一个语言单位形义关系的透明性至少要有这样三方面的考虑："形式透明度、语义透明度、形义关系透明度"。我们以此为依据，考察 $Vi_{足部位移}+O$ 构式形义关系的透明度，进一步展示将该结构视为构式的详细依据。

1. 形式透明度

形式的构造过程符合一般的结构规则，则透明度比较高；反之，则透明度低或不具有透明度。现代汉语不及物动词的典型特征是不能带宾语，而及物动词则可以带宾语，且典型宾语为受事宾语。因此，当不及物动词带上宾语，而且是非受事宾语时，这样的结构特征显然不符合不及物动词的配价要求，同时也不能从及物动词带宾语的典型形式中推导出来。因此，就结构规则而言，$Vi_{足部位移}+O$ 构式形式上的透明度比较低。

2. 语义透明度

字面意义的加合接近整体意义，则透明度比较高；反之，则透明度低或不具有透明度。Vi$_{足部位移}$+O 构式的构式义，如上所述，都具有了超越字面意义简单相加的整体意义，如"方式义""工具义"的凸显，"主观性"的蕴含以及"存现义""受影响义""动机义"的表达等。结构义的透明度呈现由较低到几乎不透明的梯度性变化。

3. 形义关系透明度

如果形式和意义之间存在对应关系，并且线性序列和语义成分序列较为一致，那么透明度较高（施春宏，2013）。反之，透明度低或不具有透明性。作为本为一价的不及物动词，在 Vi$_{足部位移}$+O 构式中得到了额外的宾语论元，与其本原构式 S$_{动作行为主体}$+Vi$_p$ 相比，透明度要低。一般认为，这样的论元增容效果是通过构式压制实现的。增容后的构式表达了多于组成成分的意义，使得形式和意义之间的对应关系不再像 S$_{动作行为主体}$+Vi$_p$ 那样透明。此外，增容后的构式伴随着构式性的增强，构式义逐渐抽象化，且有时伴随动作行为主体或说话人的主观性于其中，不再是对动作行为的客观陈述。这样的语义变化进而对动词义和宾语的指称义产生了一定影响，使得动词具有了偏离足部位移原型义的多义性特点，而宾语指称则倾向于表类指。所有这些都表明了该构式形义关系匹配的低透明性。

通过形义关系透明度的分析，可以进一步观察到将该结构判定为构式的理据所在，揭示了构式整体与组成成分在形式、意义以及形义匹配关系上的非组合性，呈现了该构式所具有的"浮现性"特征。

3.1.2 构式化过程

从以上对 Vi$_{足部位移}$+O 构式意义的分析可以看到，构式义有的基本可以从组成成分字面义的加合中推知，如"处所义""结果义"，有的则不完全或根本不能得到预测，如其他几类意义，而且伴随构式义的独立性愈加凸显，构式的典型性也越发突出。由此我们认为，Vi$_{足部位移}$+O 构式表现出一个"构式化"过程。这里所说的"构式化"指的是在共时层面上构式由非典型到典型的变化过程，而非历时角度的考察。具体而言，在构式形式特征非规则化的前提下，当构式意义基本可以从组成成分意义的加合中推知时，构式不典型，可将其称为"非典型构式"；而当构式义表征在依托组成成分的同时，又有了超越这些成分的独特的语义内涵时，构式则具有了较高程度的构式性，此时构式偏离非典型构式向典型构式游移；至于那些构式义完全不能从组成成分字面义的简单相加中得到，意义的理解需要激活语言使用者的生活、认知经验或百科知识，并且在结构上有了较强的凝固性时，则有了很强的构式性，为"典型构式"。

对于 $Vi_{足部位移}+O$ 构式的构式义，在 3.1.1.1 节中已进行了具体分析，此处不再赘述。根据上述分析，我们将此类构式的构式化过程图示为图 3.1。

典型处所、结果——时间、工具、方式、受影响、存现、容许、征服、非典型处所表目的、动机

语义具体 ——————————————— 语义渐趋抽象，超越字面义加合

基本可由字面义推知 —————————— 拥有独特的语义内涵

非典型构式 ————————————————————— 典型构式

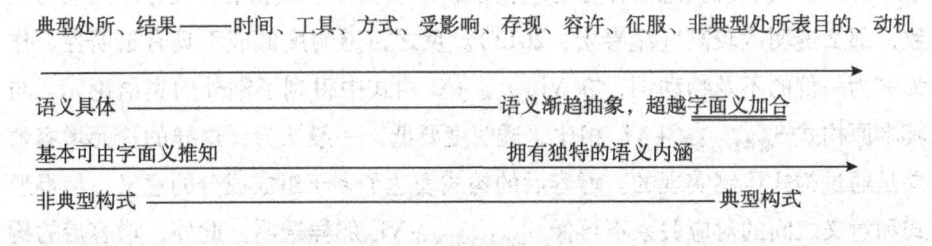

图 3.1　足部位移不及物动词带宾构式的构式化过程

构式的共时变化使我们看到构式并非是固有的，按照特劳戈特（2006、2008）、刘丹青（2010）、龙国富（2013）等的看法，构式是"动态浮现"❶出来的。当然，这几位学者主要是着眼于历时语法化角度对特定构式的形成进行考察分析，而从 $Vi_{足部位移}+O$ 构式的共时构式化过程，我们也可以看到，不仅是历时层面，共时层面上亦能够反映出构式"动态浮现"的特点。

3.2　足部位移不及物动词带宾构式与组成成分的互动

3.2.1　戈德伯格对构式与动词互动关系的阐述

戈德伯格（1995）辟专章对构式与动词间的关系进行了讨论。因为她认

---

❶ 这里的"浮现"不同于施春宏（2013）所用的"浮现"。特劳戈特等人所说的"浮现"是就构式由非典型到典型的历时演变过程而言的，构式整体是一个浮现的过程；而施春宏所用的"浮现"主要是指构式义有超越于字面意义的独特内涵，这种独特意义不是线性加工所能得到的，而是非线性"浮现"而来的。

识到即使构式语法主张构式有独立于动词的意义，但是语法运作显然不是完全自上而下的，即构式并非简单地将意义强加于动词之上，实际上，动词也以其自身的特点对构式发挥着作用。因此，语法分析应该是自上而下（构式对动词的影响）与自下而上（动词对构式的参与）的结合。从这个角度来看，研究构式与动词的互动关系有着重要意义。依据戈德伯格（1995），构式与动词间的互动可概括为"两种角色"和"两种意义"的互动。

3.2.1.1　两种角色的互动

戈德伯格（1995）指出，构式语法中动词意义的理解与菲尔墨提出的框架语义学密切相关，即对动词意义的正确解读需要参照包含了丰富世俗知识和文化知识的语义框架。在这个框架中，"参与者"是一个重要的组成部分。在对构式与动词间的关系展开讨论前，首先区分了两类角色：动词的参与者角色与构式的论元角色。动词的参与者角色较为具体，是从人类对客观世界实际感知、体验的角度加以界定的，比如"抢劫者、偷窃者、抢劫物、失窃物"等；而构式的论元角色则较为抽象，具有普遍性，如"施事、受事、工具"等，大体对应于菲尔墨早期提出的"格角色"。动词的参与者角色是更为普遍的构式论元角色的实例，并体现特定的选择限制。

这两类角色基于两个基本原则而熔合为特定的构式。这两个原则为：（1）语义一致原则，只有语义一致的角色才可以熔合；（2）对应原则，每一个词汇上侧重并得到表达的参与者角色必须与构式中被侧重的一个论元角色熔合。具体而言，语义一致原则是指动词的参与者角色与构式的论元角色在语义上要保持一致，或者说前者是后者的一个实例，这样就能在角色上实现对应熔合。比如，kick（踢）语义框架中的 kicker（踢者）可以与双及物构式如"Joe kick Bob a ball"中的施事角色熔合，因为 kicker（踢者—Joe）可以理解为施事角色的一个具体实例；对应原则是指由动词凸显并在句法上得到表达的参与者角色必须与由构式凸显并实现为直接语法功能项（主语、直接宾语、间接宾语）的论元角色相熔合。戈德伯格（1995）以 hand 所在的双及物构式为例，对这两项原则进行了具体说明（见图3.2）。

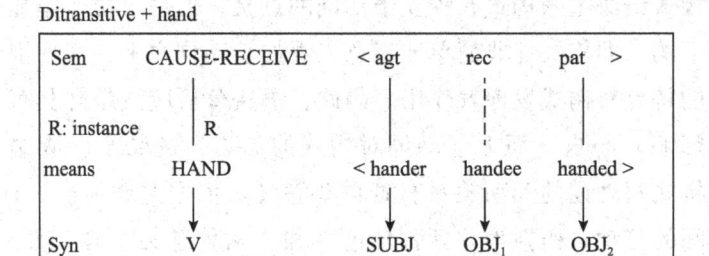

```
Ditransitive + hand
Sem       CAUSE-RECEIVE    < agt      rec       pat >
            │                │         ┊         ┊
R: instance │ R              │         ┊         ┊
means       HAND           < hander   handee    handed >
            │                │         │         │
Syn         V               SUBJ      OBJ₁      OBJ₂
```

图 3.2 *hand* 与双及物构式的角色熔合

上图中的符号含义为：Sem 代表语义层面，Syn 代表句法层面，agt 代表施事，rec 代表与事，pat 代表受事，SUBJ 代表主语，OBJ 代表宾语，R 是 relation 的简写，表示构式与动词之间的关系，实线表示构式的论元角色与动词的参与者角色必须熔合，而当构式的论元角色不必与动词的参与者角色熔合，也即可以由构式提供角色时，则用虚线表示（以下所有图中符号含义均同此）。动词 hand 在例示双及物构式意义的同时，还表明了传递的具体方式，因此 R 处标注了"例示"和"方式"两种关系类型。此图表明了一个语义层面和一个句法层面之间的匹配关系。hand 的语义框架中包含了 hander（传递者）、handee（接受者）、handed（传递物）三个参与者角色，它们分别可以看作是双及物构式的施事、与事、受事三个论元角色的实例，体现了语义一致原则；hand 的三个参与者角色均被侧重，并一一对应于构式被侧重的三个论元角色，并在句法层面上成为直接语法功能项：主语（SUBJ）、间接宾语（OBJ₁）和直接宾语（OBJ₂），由此体现了对应原则。

hand 的参与者角色与双及物构式的论元角色一一对应是一种比较理想的情形。有时，两种角色在熔合过程中存在着角色上的不对称性以及构式对动词参与者角色加以限制和选择的情况。具体表现为：

（1）当一个动词凸显的参与者角色与构式凸显的论元角色不能一一对应时，动词额外的侧重角色会与构式的一个非侧重角色熔合。如图 3.3 所示 put 所在的致使—移动构式为例：

当动词 put 出现在致使—移动构式中时，put 的语义侧重三个参与者角色：放置者（putter）、放置物（puttee）和放置处（put-place）。但是，构式的论元角色只有致使者和客事被侧重，根据语义一致与对应原则，它们分别编码动词参与者角色中的放置者和放置物，并成为句法上的主语和宾语，而未被构式侧重的目标角色则编码了动词侧重的参与者角色——放置处，由此体现出角色匹配上的不对称性，即动词的一个侧重角色与构式的一个非侧重角色匹配。

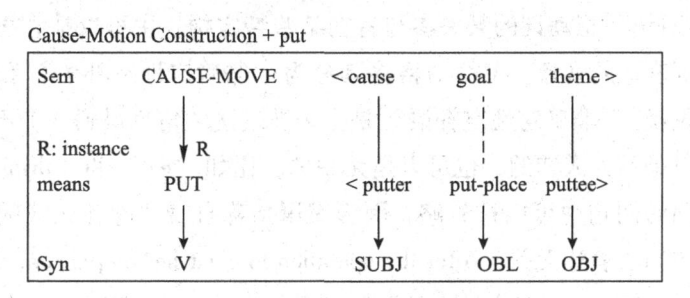

```
Cause-Motion Construction + put
Sem      CAUSE-MOVE      < cause      goal      theme >
             ↓             |           |         |
R: instance  R             |           |         |
means       PUT          < putter   put-place  puttee>
             ↓             ↓           ↓         ↓
Syn          V           SUBJ        OBL       OBJ
```

图 3.3 *put* 与致使—移动构式的角色熔合

（2）角色数量的不对称。当动词参与者角色的数量少于构式论元角色的数量时，构式可以为动词增加一个（些）参与者角色。例如，动词 kick 进入双及物构式时，构式可以为 kick 增加"接受者"角色——"He kicked me a football."。

（3）构式一方面可以增加动词的参与者角色，另一方面还可以压制动词的某些参与者，使其在句法上得不到表达，这体现了构式对动词参与者角色的选择和限制作用。这种"压制"主要包括遮蔽、剪切、角色合并与空补语效用。

1）遮蔽，表示在一个过程中动词某个特定的参与者"被置于阴影中"而得不到侧重。英语中被动构式可以遮蔽与动词相联的施事论元角色便是典型的例子。如"The cake was made by Mary yesterday."，施事 Mary 被置于介词 by 后遮蔽起来而得不到侧重。

2）剪切，即在动词的参与者角色与构式的论元角色熔合的过程中，论元结构可以把动词的某一个参与者切除掉。例如，英语中动构式便可以剪切一个被侧重的参与者角色，例句"This bread cuts easily."中施事角色被剪切。"剪切"和"遮蔽"不同，被剪切的成分一般情况下不能再复原，如上例说成"*This bread cuts easily by Sarah."则不正确；而被遮蔽掉的内容常常在句子中充当附加成分，如上例中被遮蔽的施事角色 Mary 与介词 by 构成介宾结构作状语。

3）角色合并，是指两种角色在整合的过程中，构式可以把动词的两个参与者角色合并为一个，从而与构式的一个论元角色熔合。例如，汉语中的连动

· 71 ·

构式"他做饭吃",便可以分析为动词"做"的受事与动词"吃"的受事合并为一个参与者,在句法上实现为宾语(牛保义,2011)。

4)空补语,指动词的某一参与者在某些特定构式中可以被省去从而在句法上得不到表达的现象。戈德伯格将其分为"非确定性空补语"和"确定性空补语"两类。"非确定性空补语"是指未被表达的角色得到一个不确定的解读——可以是不为人知的,也可以是无关的。比如"eat"和"drink"的受事宾语在下面的例句中可以被省略,因为宾语指称自身"吃什么或喝什么"并不重要,与句法表达无关:After the operation to clear her esophagus, Pat eat and drink all evening. 而"确定性空补语"则是指在特定的上下文中,被省略的内容是确定的,人们可以根据语境作出确切的解读,例如 Joe win [ ],在特定语境中,讲话者和听话者能够复原被省略的论元,该论元的解读是确定性的。

3.2.1.2 两种意义的互动

戈德伯格(1995)发现,表示感情状态的动词如 sadden、anger 等不能出现在双及物构式中,这说明并非任何类型的动词都可以与某个特定的构式规约相联。若要说明何种类型的动词可以出现在某个特定的构式中,便需要研究动词意义和构式意义之间的关系。根据考察,在一个句子构式中,动词和构式是通过各自所代表的事件类型整合在一起的,两种事件类型的关系可概括为五种(ev 代表动词表示的事件类型,ec 代表构式表示的事件类型):

(1) ev 是 ec 的一个子类;
(2) ev 表示 ec 的手段;
(3) ev 表示 ec 的结果;
(4) ev 表示 ec 的前提条件;
(5) 在极为有限的范围内,ev 表示 ec 的方式、确定 ec 的手段或 ec 有意造成的结果。

王寅(2011a)对戈德伯格提出的意义互动进行了补充,指出除了事件类型的熔合,动词义与构式义的互动还可以从意义类型角度加以说明,并列出了四种情况:(1)完全一致(原型性组配:两者的角色一一对应,动词义与构式义重合,动词义仅例示了构式义);(2)部分一致;(3)不很一致;(4)意义相反。其中第一种是动词义与构式义完美融合的情况,两者一一对应,而后三种则属于非常规性组配,且非常规程度逐步加深。

结合王寅（2011a）考察的结果，动词与构式的互动关系最终可整理为图3.4。

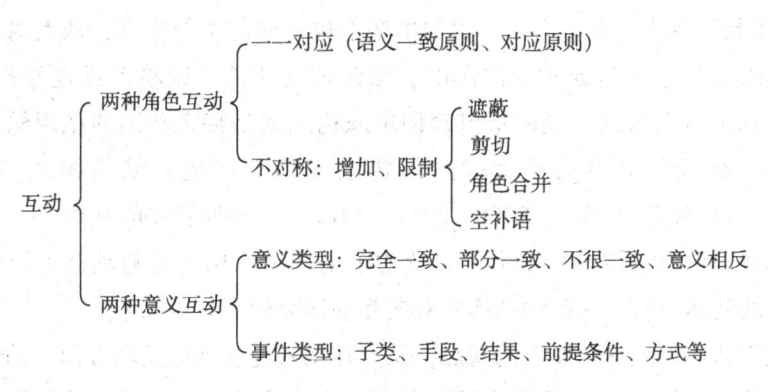

```
              ┌─ 一一对应（语义一致原则、对应原则）
      ┌ 两种角色互动┤                ┌ 遮蔽
      │           │                │ 剪切
互动 ─┤           └─ 不对称：增加、限制 ┤ 角色合并
      │                            └ 空补语
      │
      │           ┌─ 意义类型：完全一致、部分一致、不很一致、意义相反
      └ 两种意义互动┤
                  └─ 事件类型：子类、手段、结果、前提条件、方式等
```

图 3.4　动词与构式的互动关系

就足部位移不及物动词带宾构式而言，构式固然有独立于其组成成分的独特形式与功能，但这并不等于构式可以完全脱离这些成分而存在，组成成分亦会以自身的特点对构式产生影响，甚至决定着构式的形成条件。

3.2.2　足部位移不及物动词带宾构式与动词的互动关系

在构式与动词关系的探讨中，戈德伯格虽意在"互动"，但在实际操作中却无意偏向了构式一方，具体表现为：角色互动方面，动词的参与者角色需要与构式的论元角色匹配，且必须融入构式的论元结构中，但构式的论元角色却不一定必须对应于动词的参与者角色，且当动词的参与者角色与构式的论元角色不一致时，构式能够根据自己的需要为动词增添或减少相应的角色，使其能够与构式熔合；意义互动方面，认为构式义对动词义起着调整或改变的支配性作用，而动词义对构式义的贡献并未做详细讨论。国内外学者已注意到戈德伯格过于强调构式地位，而忽视动词作用的倾向，继而提出相应的改进措施。如兰盖克（2005）详细说明了动词在不同构式中意义和论元变异的诱因和模式，论证了动词与构式相互影响和制约的不可分割性；岩田（2005a，2005b）更加关注动词的语义，区分了词汇层面的意义和短语层面的意义，并指出词汇意义与句法结构无关，而短语意义则与特定的句法结构相联，是与构式论元整合的结果；张建理（2006）则明确反对动词意义在跨构式中一成不变的说法，认为在不同构式中，动词拥有可变的延伸意义，这些延伸意义同时与动词的规约义以及构式义建立范畴化关系并被两者共同允准；王寅（2011a）提出了"词汇压制"观点，认为在一个语句中词汇也可能起主导作用，从而对构式的意义或用法产生调整或改变的影响；张建理（2012）则将动词也看作构式，提出"动词本原构式"说，指出动词本原构式既是特定动词的私用构式，也可以作为组成部分参与更大构式的构建（超动词题元结构构式）；刘琦（2013）在张建理（2006、2008、2011、2012）一系列研究的基础上，从"准入、选择、压制、结果"四个方面论述了动词本原构式与超动词本原构式在线整合的具体过程，为动词和构式双向互动研究做了有益探索。

我们认同以上各位学者的观点，认为在构式与动词的互动方面，动词的作用理应受到重视，这对正确认识语言现象有重要意义。由此，我们具体考察 $Vi_{足部位移}+O$ 构式中，动词对构式所发挥的自下而上的作用以及构式对动词所具有的自上而下的制约性影响，以深入挖掘二者的互动关系。

3.2.2.1　动词对构式自下而上的影响作用

1. 动词所联系的语义框架为构式论元结构的实现提供了条件

菲尔墨的框架语义学明确提出对词语意义的理解需要参照其所联系的语义框架，语义框架为词语意义在语言中的存在以及在话语中的使用提供背景和动因。语义框架中一般都包含着丰富的框架元素，这与人们生活的真实场景以及对这些场景的认知并进一步概念化有密切关系。动词亦是如此。动词意义的表征并非仅一个"动作行为"便可以概括，还涉及与动作行为相关的其他诸多元素，如"动作行为的主体""方式""手段"等，而这些又都与人类的认知经验紧密相联。因此，可以说动词意义的形成依赖于人们实际的生活体验以及对认知经验的提取，动词意义的表达与理解也会受到其所联系的语义框架中各元素的影响。

不过，框架中各元素对动词意义的构建有着不同的作用，因此在菲尔墨等研究的基础上，约瑟夫·鲁彭霍夫、迈克尔·埃尔斯沃思等（2010）将框架元素进一步区分为"核心框架元素"与"非核心框架元素"。"核心框架元素"是指一个语义框架场景中被凸显的成分，它是构成一个框架最基本的元素，对于动词意义的表征起着关键性作用，比如，动作行为的主体、客体等；"非核心框架元素"则是指框架场景中的背景成员，它们往往处于核心元素的下位

3 足部位移不及物动词带宾结构的构式分析

层面,一般是非凸显的,比如,与场景有关的处所、时间、方式、手段、结果、原因、目的等。"核心框架元素"的句法映现一般实现为句子的主要语法功能项,即主语和直接宾语,而"非核心元素"则通常表征为句子的外围成分,如状语、补语、介词的宾语等(冯志伟,2006)。然而,在实际语言运用中,两者又并非截然分明。哪些成分可以参与动词意义的建构以及在句法上如何实现,与语言使用者的观察视角或说透视域有关。菲尔墨对"全景框架"与"透视域框架"间的关系进行了解释:一个事件、过程或状态是不可分割的,但我们可以从不同的视角来观察和描写它。当语言使用者对事件或场景选用不同的视角进行观察时,其中的框架元素便会有区别地进入透视域而在句法上实现为主语、宾语等核心句法成分;其他未进入透视域的元素,则在句法上得不到实现或者作为外围成分存在于句法结构中。

兰盖克(1991、2004)进一步指出,句法结构来自人类概念化了的"典型事件模型",其中之一便是"舞台模型",即句法结构的表现形式与语言使用者的观察密切相关,凸显了语言理解过程中人的主观识解性。观察者如同在台下观看演员表演的观众,当其目光前视时会形成一个视觉注意区,可称为"舞台表演区",演员、舞台道具以及背景都在这一区域范围内,但通常情况下观察者的视线容易聚焦于正在舞台上进行表演的演员身上,如图 3.5 所示。其中大方框表示舞台表演区,虚线箭头表示观察者的最大视野,虚方框表示舞台场景中的背景元素,省略号表示其他元素。

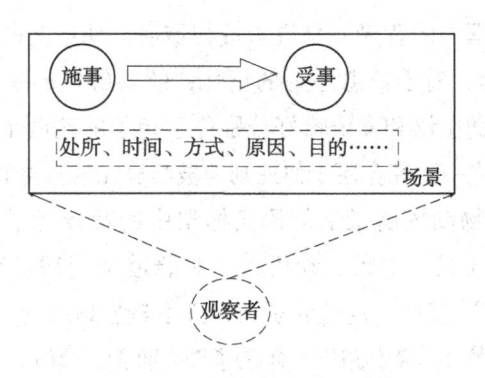

图 3.5　常规及物事件的舞台模型

若不考虑其他因素,观察者仅将注意力聚焦于事件中两个参与者的互动上,则会形成基本的主谓宾句式,如"张三打了李四"。但是,当观察者将注意视野放大,而聚焦于舞台的不同侧面或片段时,便会有不同的场景元素进入视线，映现在句法上实现为不同的结构。这种"舞台模型"是基于对常规及物事件的概念化而形成的，是一个理想的认知模型。按照这样的模式类推，当对不及物事件进行表征时，相应的"舞台模型"中在舞台上进行表演的演员则仅剩下了施事者，而其他元素仍可以在场景中存在。因此，当观察者前视聚焦于演员时，形成不及物事件的基本句法结构：$S_{动作行为主体}+Vi_p$；当观察者聚焦点发生变化，将舞台上的其他元素纳入视野时，便为多样化句法表达式的形成提供了重要来源（见图3.6）。图示符号同图3.5，有所不同的是受事角色在此框架中不存在，用虚线圈标示，但仍保留此位置，是因为该位置的存在能够为其他背景元素的填充提供条件；由于被凸显的成分不是典型受事，故不存在施事对受事的典型作用力，而用双虚线箭头标示。

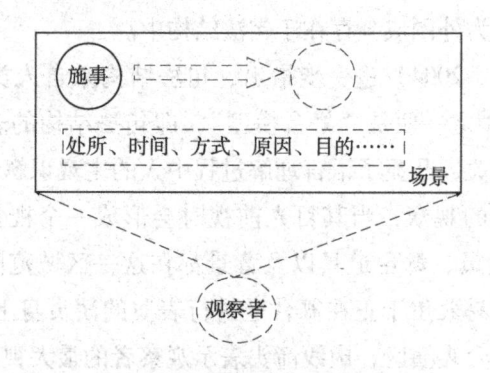

图3.6　不及物事件的舞台模型

当处于虚线方框中的背景元素进入透视域时，便成为凸显元素。根据人们"注意"的普遍特点，对于信息序列的记忆，效果最好的是序列的开头和结尾（张云秋，2004）。而主语和宾语恰好分别位于句子的这两个位置，因此凸显成分的归属在于二者之一，究竟落于何处则与被凸显元素自身的语义特点有关。

足部位移不及物动词所激活的语义框架中的背景元素主要包括处所、时间、结果、方式、工具、对象、动机等，对照道蒂（1991）提出的"原型施事"和"原型受事"特征，这些元素在语义上较多地符合"原型受事"特征，如受到一定的影响❶（"跑山路""奔票子""遛狗"等），拥有一定的变化性

---

❶ 这里之所以不直接用"受动性"而是说"受到一定影响"，是因为与典型受事宾语相比，这些宾语所指称的事物受动作影响或因受影响而产生的变化较为微弱，或者说并不明显。这也是它们与典型受事宾语相区别的一个重要因素。不过，动作既然及于其上，与不施加动作的原物相比，也会或多或少有所不同，所以说受到一定程度的影响。

或渐成性（"跑了一身汗""走了一个'心'字""倒退十几个名次"等），而很少与"原型施事"的特点一致。根据典型的施事是主语，典型的受事为宾语的共性，"处所"等背景元素在句法位置上更有可能实现为宾语；此外，从语用角度来看，得到凸显的成分往往是注意的焦点所在，根据"焦点在尾"的原则，宾语位置也是这些成分归属的最佳选择。焦点化亦是背景成分宾语化的一个重要动因。

如此，动词联系的语义框架或"舞台模型"加上"透视域"的聚焦，为足部位移不及物动词带宾构式的产生提供了条件，也正是因为动词的语义框架中包含了构式论元实现所需的相关元素，才使得说话者的主观凸显成为可能。以"跑"为例，因为"跑"所联系的语义框架中包含着动作的施事、处所（包括默认的地面、动作的起点和终点）、方式（快跑、慢跑、正常姿势跑、特定姿势跑）、原因（因为着急、害怕或其他原因而"跑"）、目的（为了达到某种目的而"跑"）等，才使观察者的视线可以聚焦其上而被凸显，在句法上实现为宾语，形成 $Vi_{足部位移}+O$ 构式。

动词语义框架的解读是基于动词原型意义进行的，语义框架蕴含的背景元素与动词意义的关联存在着疏密度的差异，即有的元素与动词联系较为紧密，进入透视域时很容易得到凸显，如"处所"；有的联系则较为疏远，常规情况下不易被凸显，如"动机"。然而，越是不易被凸显的成分进入透视域，越容易以其自身的特点促成构式的形成并反过来影响动词义的解读，例如，凸显"动机义"的"跑材料""攀亲家"等。"动机义"虽不能从组成成分词汇义的简单相加中得到，但名词性宾语在构式中的出现，会促使人们自动激活大脑中存储的百科知识或认知经验去填补动词与宾语的关系，从而理解构式的真正含义。由此可见，构式的形成离不开动词语义框架蕴含的诸多元素，它们在为构式提供来源的同时，亦能够刺激解读者激活大脑中存储的百科知识，完成构式的正确解读，促成构式义浮现。由此体现了动词对构式自下而上所发挥的影响。

当然，"施事""处所""方式"等框架元素实则为一个个抽象的概括性范畴，这样的范畴中又包含了诸多具体成员。并非所有属于某个范畴的成员都可以进入 $Vi_{足部位移}+O$ 构式，究竟哪些被允准哪些不能，又与动词的语义选择限制密切相关，这亦是动词对构式有所影响的一种表现。

2. 动词对宾语的选择限制

在 Vi$_{足部位移}$+O 构式中究竟哪些成分可以进入构式充当宾语，与动词的语义选择限制有关。例如，我们可以说"跳绳""跳皮筋"，但不能说"跳毛笔""跳大碗"，这是因为"毛笔""大碗"虽然也可以理解为动作行为所凭借的工具，但它们与动词表示的事件类型无关，也即"跳"这种动作的实现不需要借助"毛笔""大碗"这样的工具，不符合"跳"的语义选择限制。不过，即便与动词事件类型相容，也并非所有成员都可以实现为构式的宾语，如现代汉语中不存在"跳拐杖""跳轮椅"等说法。这是因为，这样的构成违背了人们的常规认知经验：通常情况下，身体不便而较难使用拐杖或轮椅完成"跳"这样的动作。同理，有"跳大绳"而无"跳电线"的说法，也可作类似解释。

再如表"方式"的 Vi$_{足部位移}$+O 构式，宾语的实现也与动词的语义特点及其所代表的事件类型有关。依据陈小明（1995）的研究，能够充当方式成分的名词主要有以下类别：

(1) 项目：蛙泳、单打、双打……
(2) 角色：青衣、花旦、小生……
(3) 用餐：快餐、便餐、小灶……
(4) 步伐：正步、方步、八字步……
(5) 邮件：快件、挂号、平信……
(6) 针法：平针、双针、反针……
(7) 字体：宋体、柳体、大楷……
(8) 发型：平头、分头、光头……
(9) 行式：横行、竖行、斜行……
(10) 绑式：十字、井子、双十字……

而能与这些方式性名词搭配的动词主要有：

(1) "运动"类：打、跑、跳、游……
(2) "表演"类：唱、演、弹、拉……
(3) "吃喝"类：吃、喝……
(4) "行走"类：走、迈……
(5) "邮寄"类：寄、邮……
(6) "编织"类：织、打……

3 足部位移不及物动词带宾结构的构式分析

(7)"书写"类:写、抄、印、刻……
(8)"梳理"类:理、剪、洗、梳……
(9)"栽种"类:种、栽、点……
(10)"捆绑"类:绑、捆、裹、包……

张云秋(2004)在此基础上指出:"各类动词和各类名词是一一匹配的,如'运动'类动词带'项目'类方式宾语,反过来,'项目'类方式宾语前面肯定出现'运动'类动词,其他各项以此类推。"这样的结论其实是肯定了在构式的形成中动词和名词语义关联度的重要性。不过,分析以上动词的分类,可以发现二位学者的研究主要是围绕动词的原型义进行的,如足部位移动词"跑""走""跳""迈"等,它们与方式性名词的组配确实存在着"运动"与"项目""行走"与"步伐"等一一对应的配对关系,这仍与动词的语义特点有关:一定是符合"足部位移"义要求的方式类名词才能与动词搭配,否则不被允准,比如"用餐"类、"发型"类、"字体"类方式成分显然不能与"跑""走"等搭配,这是比较容易观察到的事实。

然而,需要进一步注意的是,这样的高频动词在构式作用下能够产生多种意义,而动词意义的改变会影响事件类型的表达,进而影响对方式成分的选择,如"跑单帮""跑龙套""走边贸""走空运""跳大神"等。如此,方式宾语与动词类的搭配便有了交叉性,不再是一一对应关系,如本属"角色"方式宾语的"龙套"、本属"生意"类方式宾语[1]的"单帮",都可以与"跑"搭配,当然此时的"跑"也不再为"运动"类动词。也就是说,动词意义的改变对于准入宾语的选择发挥着重要影响,准入的方式性成分仍须与动词所关联的新事件类型匹配。如"跑"在"跑龙套""跑单帮"构式中获得的"奔波"义解,便使得只有与"奔波"事件框架相符的方式性成分才能进入构式,"龙套""单帮"语义中蕴含的"小角色""独自一人"的特征,暗含了要达到某种目标需要付出艰辛的劳动或努力的含义,而这也正是"奔波"的语义核心所在,因此可以与引申义"跑"组配。再如"走边贸"中,"走"同样偏离动词原型义,在构式中获得了更为抽象的类动作义,类同于"使用";而"边贸"作为贸易的一种类型,是对在边境进行的各种贸易的总称,同样具有类义属性,因此类义方式名词符合抽象化动词的语义要求,二者成功整合。相

---

[1] 这种类型陈小明(1995)并未给出,为我们所添加。

反，若将类义的方式成分具体化，构式反而不成立，如"*走药材边贸""*走国航空运"等。总而言之，动词语义框架诸元素真正实现为构式论元，需要受到动词语义选择的限制。

伴随 $Vi_{足部位移}$ +O 构式使用频率的增加，其形义关系渐趋凝固，构式性特征越发凸显。当构式在语言中立稳"脚跟"时，又会以自身特有的属性对动词发挥自上而下的制约作用，使得动词的句法语义结构及其语义内涵发生改变，以适应构式的特定要求。

3.2.2.2 构式对动词自上而下的制约作用

1. 动词事件类型须与构式事件类型相关

戈德伯格（1995）从事件类型角度说明了动词意义和构式意义之间的关系，即动词所表事件类型（ev）通过作为构式所表事件类型（ec）的子类、手段、结果、前提条件、方式等与构式相关联，体现了构式义对动词义的限制作用。

就足部位移不及物动词带宾构式而言，构式义与"足部位移"事件有关，而其中的动词在与构式所表事件有关的基础上又通过自身所表事件类型指明了构式义"位移"的具体方式。具体而言，无论是与实际"足部位移"义有关的"跑山路""走人行道""爬高山""攀险峰""逛一身汗"等，还是偏离"足部"表更为抽象"位移"义的"跑江湖""走后门""攀关系"等，动词的存在均使得"位移"有了具体行为方式所指。汉语本族语者可以凭借经验获得"（主体）通过何种方式进行相关位移"的语义解读，如"跑"的语义特点使之所表事件与"足部快速水平位移"有关，而"走"则与"正常步速的水平位移"有关，"攀"则表示"需要付出较多努力地自下而上的足部垂直位移"事件，这些有特定语义所指的动作行为事件为构式义的表达增添了更为翔实的信息。当然，即便动词在构式义作用下偏离了原型"足部位移"义，它们也能够指示构式义实现的具体方式。如"跑码头""攀关系"等，汉语本族语者可以凭借日常生活经验和认知经验等得到"奔波劳碌做生意营生""地位低的人为了达到某种目的而费力向地位高的人拉关系"的语义解读。其中，"奔波劳碌""费力地自下而上"的细节表明了抽象"位移"的详细方式，只是这样的解读需要借助更多的百科知识，付出更多的认知努力。

当然，并非所有的足部位移不及物动词都可以进入 $Vi_{足部位移}$ +O 构式，这进一步体现了构式对动词的制约作用。在我们所考察的 30 个动词中，单音节动词有 22 个，分别为"跑、走、迈、跨、遛（liù）、逛、溜（liū）、奔（bēn）、奔（bèn）、退、爬、越、滑、钻、穿、转、逃、跳、蹦、登、攀、跃"；双音节动词有 8 个，分别为"奔走、奔跑、倒退、后退、前进、逃走、逃跑、攀登"。单音节动词明显多于双音节动词，这与构式整体的语义制约有关。如前所述，$Vi_{足部位移}+O$ 构式在共时层面上呈现出由非典型构式到典型构式的变化过程，语义也随之由具体变得抽象。这种逐渐抽象的构式义便要求进入其中的动词具有一定程度的抽象化特征。单音节动词与双音节动词相比，包含了更少的特定语义内涵和语用规定性，因而更容易抽象化为类动作行为，如"跑"与"飞跑、快跑、慢跑、飞驰"相较，作为无界动词，可以说它概括了各种方式、各种程度的"跑"，因此是一个类动作义范畴。这样的类范畴更容易发生抽象化概括，实现与构式义的熔合。在我们统计的语料中，"跑+O"所包含的子类构式在语料总量上所占比例非常大，与此类似的还有"走""跳"等带宾语用例。对此我们认为，或许是因为"跑""走""跳"等动词表述日常生活中常见的动作行为，属于认知语言学中的基本层次范畴。该类范畴是人们知识组织的起点，更容易被感知和把握，进而在语言中也有着更高的使用频率（张敏，1998；任鹰，2005），高使用频率是动词语用法延展的重要动因。由此可见，也并非所有的单音节动词都可以进入该类构式，即使是准入的单音节动词，由于使用频率相对较低或书面语色彩较强，也会影响它们在构式中的能产性，如"奔（bēn）、穿、越、跃"等。

而表示"足部位移"义的双音节动词，由于它们本身都包含了一定的语义描摹特征，与同义单音节动词相比，较难实现动作行为的类义化，因而进入构式时会更加受限制，如上述 8 个双音节动词。但相较而言，这 8 个双音节动词与意义相近或相关的"飞奔、驰骋、退后、跃升、逃生、攀援"等相比，在现代汉语中有着一定的使用频率，较为人们所熟悉，因而其用法可适度延展，从而适应构式的要求。

总之，受构式义制约，越是倾向于表类义动作行为且属于基本层次范畴的足部位移不及物动词，越容易被 $Vi_{足部位移}+O$ 构式允准。

2. 构式对动词句法语义结构及动词意义的调变

构式对组成成分的制约作用，不仅表现为对成员的准入限制，还体现在对准入成分的调变作用，如 $Vi_{足部位移}+O$ 构式对动词的作用所在，体现了构式的压制作用。

"构式压制"是构式语法理论的重要内容。按照"语义一致原则"和"对应原则",动词的参与者角色与构式的论元角色在语义上兼容,两者凸显的角色一一对应,此时动词与构式完全熔合。然而,这只是理想状况,在语言表达中往往还存在其他情形,如动词不具有或不明显具有构式的全部论元角色,或动词的意义和用法与构式不完全兼容等。此时,构式便会发挥"自上而下"的制约作用,"强制性"地为动词增加或减少论元角色,改变其意义和用法,使之适应构式结构与表义的需要。这便是"构式压制"。

本书所考察的30个动词,常规情况下联系的必有语义角色为"动作行为的主体",该"主体"在句法上通常实现为主语,构成$S_{主体}+Vi_p$典型构式。当这些动词进入(S+)+Vi$_{足部位移}$+O构式后,在构式压制作用下,动词实现了论元增容,获得了新的语义解读。依据构式语法框式图的表示方法,以"遛"进入与致使行为有关的"受影响义"构式为例进行说明(见图3.7)。

(208)那不是人<u>遛鸟</u>,是鸟<u>遛人</u>了。

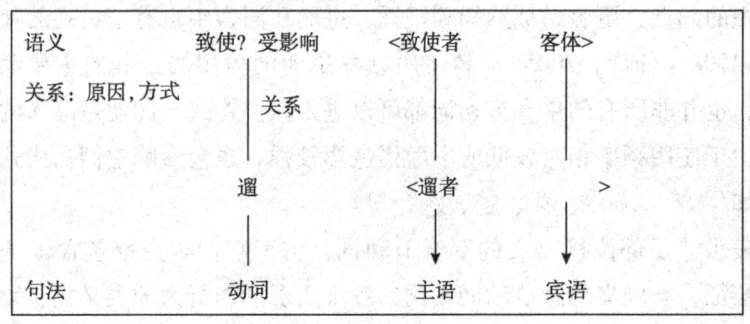

```
"致使—受影响义"构式+"遛"

语义        致使?受影响    <致使者      客体>
关系:原因,方式   关系

              遛         <遛者        >
              ↓          ↓           ↓
句法         动词        主语         宾语
```

图3.7 "致使—受影响"构式对动词"遛"的构式压制

"遛"作为一价不及物动词,其语义结构侧重的"遛者"参与者角色可以看作构式侧重的论元角色"致使者"的一个实例,与构式论元角色实现对应熔合。作为"致使—受影响义"构式,必然要求有一个影响所及的承接者(客体),但这在"遛"的本原语义结构中不存在,因此构式强制增容论元角色,使"遛"获得了额外的"致使对象"角色,改变了原本的论元结构。

再以"奔走"进入"动机义"构式为例(见图3.8)。

3 足部位移不及物动词带宾结构的构式分析

(209) 端哥是有家室的人，他连年<u>奔走国事</u>，连自己的妻室都无法照顾，哪有闲工夫来闹这些儿女私情。

"动机—移动义"构式+"奔走"

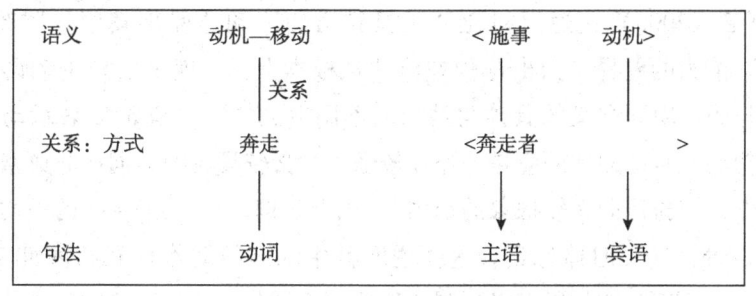

```
语义        动机—移动              <施事    动机>
                |
              关系
关系：方式    奔走                  <奔走者>         >

句法         动词                   主语      宾语
```

图 3.8　"动机—移动义"构式对动词"奔走"的构式压制

同样，作为一价不及物动词，"奔走"在"移动与某种动机有关"构式义作用下被强制赋予"动机宾语"论元，使得动词的句法语义结构发生改变。

动词句法语义结构的改变，必然会对动词意义的表征产生影响，二者相辅相成。越是构式化程度高的构式，对动词意义的调变作用越显著，如"跑客车""走轮渡""逛风景""攀交情""奔走国事"等，其中的动词表示什么样的具体动作已不重要，重要的是说明实现宾语指称对象的行为方式或动机，动词表达类义行为："跑客车""走轮渡"中的动词可以用"使用"代替；"逛风景""攀交情""奔走国事"中的动词可按"为了解决/得到……"义去理解。

动词这种抽象的类义特征，用句法形式加以验证表现为抽象义动词一般不能自由地与时体标记"了""着""过"连用。例如：

(210) 咱们跑货车能赚钱吗？——*咱们跑了/着/过货车能赚钱吗？

(211) 这58万辆自行车全部走轮渡。——*这58万辆自行车全部走了/着/过轮渡。

(212) 不少人生病不去求医，而是请巫婆跳大神。——*不少人生病不去求医，而是请巫婆跳了/着/过大神。

(213) 她们结伴逛商场去了。——*她们结伴逛了/着/过商场去了。

(214) 他整日奔走国事，非常辛苦。——*他整日奔走了/着/过国事，非常辛苦。

(215) 周围村的姑娘、小伙子都到河北村来攀亲家。——*周围村的姑娘、小伙子都到河北村来攀了/着/过亲家。

· 83 ·

褚泽祥（1998）指出："动作性的强弱、具体与抽象，影响着动词的空间适应能力，也同样会影响动词带'着、了、过'的能力。""典型的动词，时间性强，空间适应能力也强，非典型的动词，时间性弱、空间适应能力也弱。"任鹰（2005）也通过对比"工具宾语句"和"受事宾语句"带"着、了、过"能力的差异，指出这种差异"从根本上说，就是由句中动词的动作性的强与弱、动词词义的具体与抽象的不同造成的"，"动词以表示动作行为为主要功能，典型的动词应是动作性较强、词义较具体的动词；非典型的动词则是动作性较弱、词义较抽象的动词"。以上各例，$Vi_{足部位移}$＋O 构式均不能出现"了、着、过"时体标记，这便说明其中动词的动作性和时间性都很弱，语义也较为抽象。这与构式义的制约作用密不可分，越是抽象、笼统的构式义对动词抽象度的要求越高。这一点，也符合我们对语料的观察：多数情况下，$Vi_{足部位移}$＋O 构式中的动词后面不带"了""着""过"时体标记。

当然，从语料的真实情况来看，该构式中有一些动词其后带了时体标记，例如：

（216）为写好这篇小说，我<u>跑了南京、上海等地的好几家图书馆</u>，查阅了大量有关武则天的文字记载。

（217）<u>监狱里逃走了五个犯人</u>。

（218）<u>各人奔着各人的道儿</u>，都忙忙碌碌地赶着中年的生活去。

（219）当接近满腹是卵的雌鱼之后，雄鱼便跳着"之"字形的舞蹈，把雌鱼引到门口，用嘴示意方向让雌鱼进入。

（220）在麦浪似锦的烟滩公路上，<u>走着两个学生打扮的年轻人</u>，一个是少剑波，一个是他的战友王孝忠。

（221）及至<u>遛过三条小街</u>，方知这里凡食皆麻辣。

（222）差一期没有毕业，就跋涉几百里到大武口电厂当过合同工，<u>走乡串户跑过小买卖</u>。

（223）中国游戏出版业已<u>走过10年发展路程</u>。

虽然动词后带"了、着、过"，但着眼于构式整体，并不影响动词抽象义解读。如"跑了好几家图书馆"，虽带"了"，但在由机构名词充当宾语构成的因"处所功能"而激活"目的义"的构式中，人们也不会将"跑"理解为动作性强的"两只脚或四条腿迅速前进"义，"奔波"义的解读似乎更合适。在动词后带"着"或"了"构成的"存现句"中，在"存现"构式义的压制

3 足部位移不及物动词带宾结构的构式分析

下,动词在句中表达的是抽象存现的方式,而非具体动作行为,这些动词都可以用非动作动词"有"或"消失"代替,如"公路上跑着一辆辆小汽车"可理解为"公路上有一辆辆小汽车","监狱里逃走了五个犯人"可以理解为"监狱里消失了五个犯人"。由此来看,时体标记的主要功能还是在于标示动作行为或事件的时体特征,至于它们与动词动作性强弱的联系,则需要结合构式进行具体分析。

关于动词的意义,尤其是一个动词下包含的多个意义,我们在 2.2.2 节中已做了有关说明,认为多义并非为动词本身所有,而是与其所在的构式相关。在此,再以"跑"为例进一步明确我们的观点:

(224) 晴天,她脚绑沙袋<u>跑马路</u>;雨天,她脚负沙包跳楼梯,腿肿了,腰痛了,可她还是咬紧牙关苦练。

(225) 刚<u>跑了一身</u>的热汗,把那个冰凉的小水筒往胸前一贴,让他立刻哆嗦一下。

(226) 大惊小怪,<u>跑了一个疯子</u>,值得……

(227) 最后,丢了健康,<u>跑了爱情</u>,忘了儿子,只剩下那个越来越严重的壳——工作。

(228) 上任头半个月,他白天<u>跑企业</u>,夜晚挑灯夜战。

(229) 这个乡的领导抓住"小针线",亲自<u>跑码头</u>,闯市场,寻找国际伙伴。

(230) 县委的同志介绍,兰考人过去往外跑,是讨饭,现在同样往外跑,却是<u>跑资金</u>、<u>跑技术</u>、<u>跑人才</u>、<u>跑生意</u>。

(231) 不过不是马上就走,而是倒要利用<u>跑外勤</u>的机会,看看自己能不能找到别的事由。

以上各例中的"跑"有多种语义解读,《词典》将这多种意义全部归结为"跑"自身。基于构式语法,我们有不同的看法——"跑"的多个意义与其所在的构式密切相关。例如,例(224)、例(225)中,"跑"尚可体现出与足部位移有关的原型意义——"两只脚或四条腿迅速前进",而例(226)至例(231)中,"跑"的意义明显偏离了原型义,这是构式压制的结果:例(226)、例(227)为"消失"义构式,在构式义作用下"跑"获得"逃跑""丢失"等意义;例(228)至例(231)则是构式"动机"义赋予"跑"之"为某种事务而奔走"义。由此可见,词典释义,其实并未充分反映动词意义的变化条件:动词多义性的产生是由动词与不同名词实体组配互动形成构式,

· 85 ·

然后在构式整体作用下获得。词典将这种互动的结果及语义识解都归结为动词本身，相关名词的作用省略不提。所以，我们认为，将动词表现出的多种意义归结为构式，能够客观而真实地揭示动词义引申的条件和过程，从而纠正本末倒置的认识观——认为动词本身的多义在前而造就了构式的多义性。如此，有正本清源、本末正置之效用（张建理，2012）。

动词语义框架中蕴含的诸多元素并配合透视域的选择，为 $Vi_{足部位移}+O$ 构式的形成提供前提条件，而且动词本身的语义特点又翔实了抽象构式的具体方式，以及动词对可以进入构式的宾语存在的语义选择限制，都体现了动词对构式的影响所在。当然，构式的形式和意义一旦固化，便会以自身的独特性对动词产生影响，从而使动词的句法语义结构以及自身意义作出适当调变，以适应构式的需要。此外，词典编纂中采用的一动词多意义的方法，忽略了动词与名词的互动以及构式整体对动词意义的影响，而将多义性全部堆积于动词之上。从构式语法的观点来看，与其说是动词多义，不如说是构式多义。

3.2.3 构式作用下宾语指称抽象化或类义化

在前文"构式判定之理据"部分通过对 $Vi_{足部位移}+O$ 构式义的概括，可以看到此类构式下包含了多个不同意义的子类构式，各子类构式均有其表义特点，较难得到一个适用于整个 $Vi_{足部位移}+O$ 的构式意义。但若非要概括出一个统一的意义的话，可以用"与位移有关的事件"来表征，这里的"位移"只是一种概括的说法，包含"具体位移"和"抽象位移"两种含义。

"具体位移"义是指构式性程度较低，其中的动词尚能看出原型义的非典型构式，如处所宾语构式、结果宾语构式。尽管动词义与原型义有较为明显的联系，使得构式义基本可以从组成成分推知，但构式整体所表意义已非动词核心结构表达的与动作行为相联的具体事件，而是倾向于说明一个抽象的事件或者一种行为模式，如"跑山路""跑图书馆""奔走各地"等；"抽象位移"义是指构式性越发凸显，动词在构式中获得了超越原型义的新义解读的构式。其构式义侧重表征与实际位移有引申关系的抽象事件，如方式义"跑单帮""走常规""跳大神"等；受影响义"遛画眉""攀大款"等；动机义"跑公事""跑材料""奔贷款"等。不论具体位移义还是抽象位移义，构式表义上都趋向于抽象化事件的表征。受此影响，动词的"足部位移"原型义逐渐弱化，抽象的类义特征越发凸显；名词性宾语也倾向于指称类化或抽象化。

宾语指称类化或抽象化特点，可以通过名词宾语前能否加数量短语来验证，因为数量短语具有个体化功能，其具指性很高，越是类指称名词或抽象化名词越不能受数量短语修饰（张云秋，2004；张伯江，2009）。如以下各例所示：

（232）人在不开心的时候，容易钻牛角尖。

（233）私自开阀放油犯法，我不能自己跳火坑。

（234）我冲于观笑着说，"他们都奔高枝儿了"。

（235）官员大多是通过进士科发迹的，一考中进士就荣耀非凡，被看作是"登龙门"。

（236）闲坐着等人总觉得时间太长，表上的针像锈住了一样老不肯迈大步。

（237）他的离众孤立，在他看来，是必需的；正如他表面上是力求从众，奔走高门，也是必需一样。

（238）我们的特长在于跳秧歌，如果用华尔兹的音乐伴奏，我们的秧歌就不伦不类。

不论是习语化的"钻牛角尖""跳火坑""奔高枝儿""登龙门"，还是普通动宾搭配"迈大步""奔走高门""跳秧歌"，动词与宾语间都不能插入数量短语，如"*钻一个牛角尖""*跳两个火坑"或"*奔走几家高门"等说法均不成立。

当然，实际语料中也发现了有些宾语前出现数量结构的用例，例如：

（239）端午将至，家住南京的潘女士跑了好几个农贸市场，都找不到包粽子的苇叶。

（240）有的扒窃犯会尾随跟踪你走几条街，甲地没有机会，到乙地、丙地找到机会下手将你的钱包窃走。

（241）她们一连转了几个商场也没买到称心如意的衣服。

（242）1986年，他调至中国康复研究中心工作，参加了全国《残疾人保障法》的立法调研，天南地北，实地奔走11个城市，直接、间接调查访问1万多人。

（243）这次他的数学成绩后退了十几个名次。

从以上例句可以看出，能够出现数量结构的往往是凸显"处所"或"结

· 87 ·

果"义的构式,它们的构式化程度低,因而对组成成分的制约性要弱一些。因此,受数量结构修饰的宾语,其指称相对具体。但值得注意的是,这些数量结构中的"数"基本都是≥2 的,也就是说数量结构的使用不仅用来表示数量,更强调数量之多,这种"数量多"在一定程度上与类义的多数量概括性有相通之处,可见即使出现数量结构也并非随意为之,而是与构式表述抽象化事件的倾向有所关联。这应该亦是此类构式成立的原因。

通过上面两类情形的比较可以看出,构式化程度低的构式对宾语的制约力弱一些,其前可以出现数量结构,不过整体上仍符合构式义的要求;而构式化程度高,尤其是具有习语性质的构式,对宾语的制约力强,其中的宾语不能受数量结构修饰,而有了抽象化或类属性特征。

宾语的抽象化或类义化特征还可以通过相关成分的比较进一步观察,如汉语中有"走轮渡"的说法,却没有"走轮船"的表述;有"走空运"的说法,但无"走飞机"的用例……之所以如此,我们认为"轮渡""空运"等作为更为抽象的"方式",较"轮船""飞机"等相对具体的工具更具有抽象性特征,因而也更加符合构式义的要求。

3.3 足部位移不及物动词带宾构式的家族类聚与承继联接

戈德伯格(1995)在关注构式与组成成分互动的同时,亦关注构式间存在的种种关联。就足部位移不及物动词带宾构式来看,由于动词本身以及其后所带宾语的多样性,使得这个图式性构式下包含着多个子类构式。这些子类构式在表义上各有侧重,但与图式性构式的统摄性意义又都存在着密切联系,而且它们在句法形式和语用功能上的一致性,使其看上去似一个"家族",聚合在一起形成了"家族类聚"。这个家族类聚中的成员并非一个无序集合,它们通过一定的途径与原型构式或彼此间承继相联,建构起足部位移不及物动词带宾构式的辐射型网络系统。

3.3.1 足部位移不及物动词带宾构式的家族类聚

3.1.1 节我们证明了 $Vi_{足部位移}+O$ 结构所具有的构式性。在实际使用中,该构式往往伴随着一个动作行为主体或发生场所的出现,它们即是我们在2.1.1.1节所描述的A部分,此部分主要由强事物性词语、机构性词语、强处所性词语以及表时间的词语构成。根据各自的语义性质,强事物性词语、机构性词语往往为Vi_{足部位移}+O构式所表动作行为事件的发出者或关涉者❶;强处所性词语则多为事件发生的处所;时间词语,则表示事件发生的时间。在句法上,前三类体词性成分为主语,时间词语为话题。时间词语作为话题与构式中主要动词的语义关联较为薄弱,而动词真正关联的成分没有出现,但可以根据上下文等信息补出,而且它们也是句法上的主语、语义上的"发出者"或"关涉者",因此为表述的完整性,我们将Vi_{足部位移}+O构式进一步描述为S+Vi_{足部位移}+O构式。根据S的语义属性,此构式又可细分为两个类别:S_{主体}+Vi_{足部位移}+O与S_{处所}+Vi_{足部位移}+O。同时,这两类构式下又包含着多个小类,它们共同构建了足部位移不及物动词带宾构式的家族类聚。

3.3.1.1 与事件主体有关的S_{主体}+Vi_{足部位移}+O构式

此类构式中的S主要由强事物性词语与机构名词构成。强事物性词语指称的对象既包括有生性人和物,也包括无生但仍可以理解为动作行为发出者的事物;机构名词由于在构式中凸显其"功能性"而与"人"有相通之处。由此,它们均作为Vi_{足部位移}+O构式所表动作行为事件的主体参与构式义的表征。

1. 凸显动作行为关涉处所的S_{主体}+Vi_{足部位移}+O构式

此类构式,构式义表"主体动作行为的进行关涉某处所"。根据宾语的语义性质以及人类的认知经验,此构式义还可进一步细化为两个子类:"凸显位移处所特性"的"移动类"与"借处所的相关功能实现主体特定目的"的"目的类"。

移动类子构式

(244)他们在气候条件好的高原上生活繁衍,从孩提时代起被迫走远路,<u>跑山路</u>。

(245)他性急,生长在沿海省份并不善于弄潮,下船必晕,宁肯<u>奔走黄尘道路</u>,早早口含烟斗扮成学院派文人学士相。

(246)<u>爬泰山</u>,给人以"朝天"的感受,登顶,既观日出,又"小天下"。

---

❶ 为便于表述,统称为"主体"。

(247) 诗造高境，譬<u>登险峰</u>，愈上愈难，往往艰于一字、二字。

(248) 为了弄清真相，他冒着危险，<u>攀登悬崖峭壁</u>，采到了一颗橄榄，带回家乡。

此类构式中，宾语的处所性特征显著，构式整体将动作行为主体位移过程中所关涉处所的特性加以凸显，进而赋予构式丰富的联想义，如"跑山路"中"山路"的崎岖不平，"登险峰"中"险峰"的巍峨险峻等，都得到了凸显，并使人产生位移过程不易的相关联想。此类构式构式义具体，动词基本保留原型足部位移义。

目的类子构式

(249) 为了买到春节回家的火车票，14 日下午，记者一连<u>跑了三个火车票预售点</u>，排了三次长队，结果却都被告之"票已售完"。

(250) 这是防止私下拉关系、<u>走后门</u>，避免发生舞弊现象。

(251) 有些人说这是穷叫花子<u>攀高枝儿</u>，但新年里人顶住恶风浊浪，硬是把联合企业办得红红火火。

此类构式表"主体借助某处所拥有的特定功能而实现相关目的"义。这种意义的显现亦与宾语的语义特性密切相关："火车票预售点"作为机构或组织名词，在占据空间的同时拥有相应的职能，其职能主要是为人服务，这种服务性质使得主体目的的实现成为可能；"后门""高枝儿"在构式中实现的不是其处所特征，而是隐喻性用法，形象地说明这些名词指称对象身上承载的特定功能，从而使主体可以借助这种"功能"实现相关"目的"，赋予构式"目的"义解读。当然，隐喻性用法的理解依赖于人们的认知经验、百科知识，构式义整合性强，构式化程度高，动词原型足部位移义渐趋弱化。

2. 表结果义的 $S_{主体}+Vi_{足部位移}+O$ 构式

(252) 比赛时我的比赛经验不足，思想压力太大，没发挥出训练水平，才<u>跑了第九</u>。

(253) 日元汇率在一年零三个月里，<u>走了一个倒"U"字形</u>，又回到了去年 6 月中旬的水准。

(254) 再说，咱们的新洋服也六十多块一身呢；<u>爬一身土</u>？不！

(255) 可没想到最后是孩子的学习成绩倒<u>退了 22 名</u>，家教中心也不按约退款了。

此类构式中的主语既可以是有生性人，如"我"；也可以是无生但仍可以理解为动作行为发出者的事物,如"日元""成绩"。其构式义侧重表达"主体动作行为的实施造成某种结果的出现"。这种结果与动作行为在事理关系上存在着较为直接的关联,符合人类认知的"象似性"原则:"结果"往往是伴随动作行为的结束而产生的。"结果"义在构式中得到凸显。

3. 表时间义的 S_{主体} + Vi_{足部位移} + O 构式

(256) 正确的做法是将遛早改为遛"晚"。

(257) 1953~1993 年,宁夏银川地震台在平凡的地震事业中走过了不平凡的四十个寒暑。

(258) 由此可见,真善美的东西是跨时代的、超时空的,而且像陈年名酒一样,时日越久,越会发出诱人的醇香。

(259) 第二次世界大战硝烟正浓,四五年的时间里,德国被封锁,普通人蹦日子极难熬。

"时间"与动作行为的关联最为密切,任何动作行为都必然在一定的时间流内发生发展,因此在动词的语义框架中,时间因素往往是默认的、隐含的成分。但是,当时间因素在说话人看来有了特殊意义时,也可以得到凸显,如以上各例,因此也便产生了凸显时间的 S_{主体} + Vi_{足部位移} + O 构式,其构式义为"主体动作行为的发生或进行关涉某一特定时间"。对时间的凸显,同时蕴含了说话人的主观性,或者是主观选择,如例(256),或者是主观情感或评价的表露,如例(257)至例(259)。

4. 表工具义的 S_{主体} + Vi_{足部位移} + O 构式

(260) 旁边,几个小学生正在跳皮筋。

(261) 我学会了滑雪,又可以跳降落伞了,并用了三个夏季环游世界。

(262) 2009 年,袁彬开始跑客车❶,这些年来,他已经习惯了这种生活……(http://sc.people.com.cn/GB/n/2013/1228/c345458-20254496.html)

此类构式,动作行为所涉工具为表义重心所在,构式义表达"主体以特

---

❶ 同样为"跑客车/货车/汽车",当其前的主语语义性质不同时,构式会得到不同的解读:(1)当主语为有生施事时,如"袁彬跑客车""咱们跑货车能赚钱吗"等,由于主语有很强的施动性,即使"客车"等确实是"跑"的实际执行者而类似施事有一定的"自主性",但这种"自主性"与强自主性的施事共现时在一定程度上便被压制了,反而凸显了作为无生事物所具有的"工具性"一面;(2)当主语为处所性成分时,如"公路上跑客车/货车/汽车"等,由于主语仅为客观的处所,无"自主性"可言,此时宾语所指作为"跑"的发出者,其"自主性"凸显,又具有了"施事性"的一面。

· 91 ·

定的动作行为方式使用某工具"。构式义作用下，动词的"足部位移"原型义虚化，而侧重表示使用工具的方式。构式整体在凸显动作行为所涉工具的同时，还蕴含了主体对工具的主观选择性。

5. 表方式义的 S$_{主体}$＋Vi$_{足部位移}$＋O 构式

（263）他身高只有1.66米，人也瘦小，但从房顶上跳过去的时候身手敏捷，像在平地上跳三级跳一样。(http：//sc. people. com. cn/GB/n/2013/1225/c345167－20225531. html)

（264）在医院我见不得医生们慢腾腾地走八字步，我觉得一名医生的脚步和着装能够给病人以信任的感觉，虽是小事却影响重大。(http：//sn. people. com. cn/n/2014/0715/c226647－21675426. html)

（265）为了赶上进度，我们的零部件都选择走空运，目前仅其中一个部件的空运费用就达到了近50万元。(http：//auto. people. com. cn/n/2014/1015/c1005－25834625. html)

（266）上次为解决全家共用的一个煤气罐，跑人情十四人次。

（267）走职称，我们是最低的；走职务，什么"长"我们都不是。

此类构式，意义可概括为"主体进行某种动作行为时依照某种方式"，构式凸显"方式义"。但着眼于动词与宾语的语义关系，"方式"又有具体与抽象之别：例（263）、例（264），"三级跳""八字步"与"跑"和"走"的足部位移原型义关系直接，它们组配使构式"方式"义易提取；而例（265）至例（267）中的"空运""人情""职称""职务"与"走"和"跑"的原型义关系相对疏远，"方式"义解读需依赖构式整体以及人们的背景知识，这样的意义比"跑之字形""走八字步"更为抽象，理解难度大，但构式特征却愈加显著。

最后两例，严格地讲，表达的是一种"凭借义"。"跑人情"即"凭借自己在别人那里建立的人际关系为了达到某种目的而奔波"，"走职称"即"依据职称进行评定"。但考虑到"方式"和"凭借"在广义上有相通之处，"凭借"可以看作是比"方式"更为抽象的表述，而且"凭借"义构式在我们的语料中仅有以上两例，若单独立类并不经济。综合考虑，将其归为"方式"子类。

6. 表受影响义的 S$_{主体}$＋Vi$_{足部位移}$＋O 构式

（268）给朱老巩使了调虎离山计，又掀大腿迈了我个过顶。

（269）不攀"大款"，多结"穷亲"，新密市委转变作风多办实事。

· 92 ·

(270) 沿后海岸边，有许多人在**遛狗**，狗的主人们互相夸着对方的狗漂亮或健壮。

(271) 毛主席发表了一条消息"傅作义准备突袭石家庄"，正所谓妙笔**退敌军**，唱起了"空城计"。

此类构式中的宾语是受动作行为影响的对象，这样的"对象"会因受到影响而产生或显或隐的变化。这种"受影响""变化"义都非构式组成成分相加可得，而为构式所独有。此类构式义的解读与字面义背后存在的事理关系或生活体验有关，如"迈了我个过顶"，作为动作行为承受者的"我"必然会因为主体"迈"这一动作的发出而受到影响从而产生某些变化，或者是行为上的，或者是心理上的；"攀大款"，则通过主体"攀"这种动作的发出使对象"大款"受到一定影响（其"变化性"可能并不显著），同时对于执行"攀"的主体"干部"而言，动作行为的实现也会给自身带来一定的影响，即某种目的的达成。其他两例类同。在此类构式中，受构式义影响，有些动词意义也发生了变化，如"攀"不再表达具体的自下而上的足部位移义，而有了专门用于社交关系获得途径的"攀附"义。需要说明的是，此处的"受影响""变化"看似与典型受事特征一致，其实有所不同：典型受事通常是具体动作及于其上而使之发生显著变化，而此处的受影响对象并非一定是动作行为直接施加于本身，且所受影响也未必是具体的、显著的变化。由此使得"受影响"义构式有别于"施—动—受"构式。

7. 凸显动机义的 $S_{主体} + Vi_{足部位移} + O$ 构式

(272) 十几年来，他们**跑征地**、**奔贷款**、忙招商，直把这些市场办得红红火火。

(273) （闻一多）数月以来，**奔走剧务**，昼夜不分，餐寝无暇，卒底于成。

(274) 这意味着：全市 2 万余户企业以后不再递交资料**跑年检**了。（http：//rb. dywang. cn/dyrb/html/2014－03/03/content_ 113844. htm)

"动机"义构式是 $S + Vi_{足部位移} + O$ 构式类聚中构式性最为凸显的一个子类。其中的主语多为具有施动能力的有生主体或机构，构式义为"主体动作行为的实施为实现某动机"，"动机"是构式表义的重心所在。这样的意义不能从组成成分意义简单相加中得到，具有不可完全预测性，属于典型构式。

以上是主语为"主体"的各子类构式的有关情况。除此之外，还有一类由

"处所"或"范围"充当主语的 S+Vi$_{足部位移}$+O 构式，其下又可分出两个小类。

3.3.1.2 与事件发生处所或范围有关的 S$_{处所/范围}$+Vi$_{足部位移}$+O 构式

1. 表出现/存在或消失（受损）义的 S$_{处所/范围}$+Vi$_{足部位移}$+O 构式

（275）德刚应声提着罐儿<u>跑来</u>，后面<u>跑着嫚子</u>拿着两个砂碗。

（276）近年，国外豢养一种袖珍猴，小得出奇——在成人手掌上竟可<u>爬着几只玲珑的超级小猴</u>。

（277）王子镇<u>逃走了一个犯人</u>……

（278）他说："哪条线路<u>跳了闸</u>、断了电，心里就难受，总是对用户有一种愧疚感。"（http：//nm.people.com.cn/n/2014/0417/c196712-21019530.html）

（279）北京医科大学教授严仁英代表说，她辛辛苦苦培养的三个博士生<u>走了两个</u>。

（280）敌人摸不着头脑，慌乱的只顾逃命，民伕们趁机又<u>逃了十多个</u>。

例（275）至例（277）是现代汉语"存现构式"，表示"某处出现、存在或消失了什么"，主语为处所性词语，宾语为施事。在相似构式义关联下，例（278）至例（280）与存现构式的不同在于主宾语的性质：例（278）中的主宾语均为无生施事，宾语与主语间具有领属关系，这与存现构式中"处所"主语和宾语间的关系不同。此时构式义表"消失"——"因偏离原有位置而使相关功能消失"；例（279）、例（280），亦表"消失"义，但与"消失"存现构式相比，主语的构成上仍旧不同——指明事件发生"范围"的有关成分，即"走了两个"是在"三个博士生"这个范围中发生的，"逃了十多个"是在"民伕们"这个范围中发生的，主宾语指称间具有整体与部分的关系。此外，此类用例的主语虽然由有生主体充当，但它们所凸显的不是主体所拥有的施动性，而是说明与事件有关的"范围"，故而没有将之划入上面"主体"类构式中。

2. 表容纳能力义的 S$_{处所}$+Vi$_{足部位移}$+O 构式

（281）小时候听一个到过北京的大人说，<u>北大校园里能跑汽车</u>，他就天天想，可怎么也想不出来能跑汽车的校园是什么样的。

（282）我觉得让讲故事的人最轻松的讲法就是<u>满嘴跑火车</u>，那才好玩呢。

例（281）、例（282）这样的用例较为特殊，它们从形式上看与存现构式相同，均为"主语/处所 + 谓语/动词 + 宾语/施事"，但意义上却并不侧重"存现"，而是凸显"处所或处所相关主体具有的某种容纳能力，有时还伴有说话者对这种能力的主观评价"。这种意义的获得与处所的性质和 $Vi_{足部位移}+O$ 构式所表事件之间的特定关系有关，如第 3 章所做的分析。此类构式虽与存现构式不同，但又并非完全没有关联，这一点将在下一节作具体说明。

由上可见，$S+Vi_{足部位移}+O$ 构式包含了表示处所义、结果义等诸子类构式，这些构式在形式和功能上共享某些特征，同时在构式表义上又表现出不同。这些异同使每一类子构式都有其独特的价值，它们各居其位、各司其职，共同构建足部位移不及物带宾构式的承继联接网络。

3.3.2 足部位移不及物动词带宾构式间的承继联接

3.3.2.1 承继联接

构式语法认为语言中的构式并不是一个无序的集合，而是一个有组织、有理据并按照分类分层方式组织起来的网络系统。在这个系统中，相关构式通过"承继关系"相联接，这种关系实现的途径可称为"承继联接"（戈德伯格，1995）。因此，在一种语言中，若构式 C_2 承继了构式 C_1 的特征，那么这两个构式之间便存在承继关系，如图 3.9 所示。

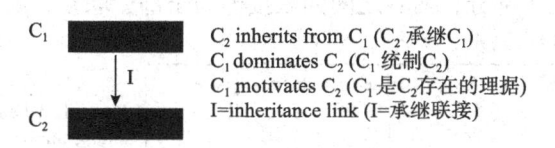

C_1

↓ I

C_2

C_2 inherits from C_1 (C_2 承继C_1)
C_1 dominates C_2 (C_1 统制C_2)
C_1 motivates C_2 (C_1 是C_2存在的理据)
I=inheritance link (I=承继联接)

图 3.9 构式间的承继关系

根据计算机科学的客体—指向设计，构式语法将承继联接本身也看作客体，认为它也有内部结构，并且按照层级相互联系。联接可以有多种类型，主要有如下四种（戈德伯格，1995）。

1. 多义联接（I_P）

多义联接用来描述语言中构式的某个特定意义和以该意义为基础的扩展意义之间的语义关系，也即指构式的中心义和扩展义间的关系。在多义联接的构式系统中，每一个扩展义都凭借最小差别与中心义相联，中心义是扩展义存在

· 95 ·

的理据；同时，扩展义构式承继中心义构式的句法规定，共同形成一个具有多义关系的构式家族。如英语中的双及物构式：

(1) Joe gave Sally the ball.

(2) Joe promised Bob a car.

(3) Joe permitted Chris an apple.

(4) Joe refused Bob a cookie.

(5) Joe baked Bob a cake.

(6) Joe bequeathed Bob a fortune.

以上各例，例1为构式的中心意义，表示"X 致使 Y 收到 Z"，例2至例6为扩展意义。这些扩展意义分别表示："条件满足后 X 致使 Y 收到 Z"（例2）；"X 使 Y 能够收到 Z"（例3）；"X 致使 Y 收不到 Z"（例4）；"X 有意致使 Y 收到 Z"（例5）；"在未来某个时间 X 致使 Y 收到 Z"（例6）。围绕着中心义，扩展义以各种与其存在的最小差别形成了一个多义范畴，连同承继中心构式的句法规定，形成英语多义双及物构式系统。

2. 子部分联接（I_s）

当一个构式是另一个构式固有的一个子部分且独立存在时，两个构式之间的联接构成子部分联接。例如，不及物移动构式由于其句法和语义规定都承继了"致使—移动"构式的相关部分，因此不及物移动构式可以看作是"致使—移动"构式的子部分，两者之间的联接即为子部分联接，如图3.10所示。

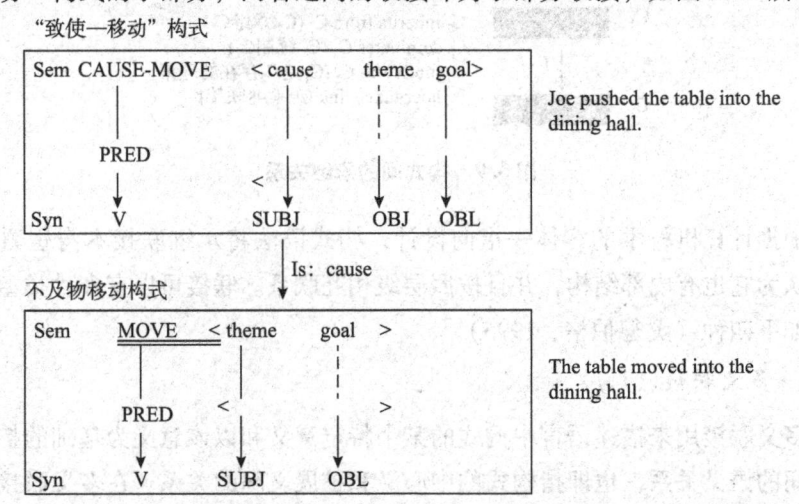

图3.10 "致使—移动"构式与不及物移动构式间的子部分联接

3 足部位移不及物动词带宾结构的构式分析

3. 实例联接（I_I）

当一个具体构式是另一个构式的特殊实例时，两者之间的联接构成实例联接。也就是说，当且仅当一个构式是另一个构式更完整的表述时，两个构式间存在着实例联接关系。仅出现在一个特定构式中的特定词项是该构式的实例，因为这些词项的词汇意义承继与构式相联的句法和语义。因此，这些情况被看作是部分词汇填充的构式的实例。如 drive 的一个特别意义只出现在动结构式中，这个意义将动结构式的结果—目标论元的意义限制为 crazy。Drive 的意义是动结构式"致使—变成"意义的一个实例，并承继了动结构式的相关句法规定（见图 3.11）。

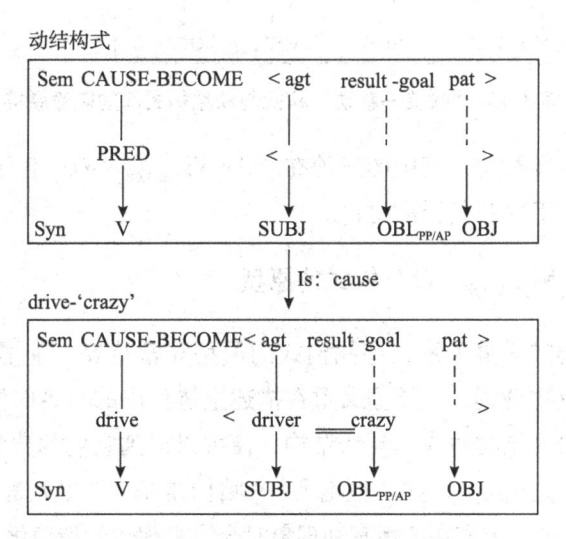

图 3.11 *drive* – '*crazy*' 与动结构式间的实例联接

4. 隐喻扩展联接（I_M）

当两个构式通过隐喻映射相联时，它们之间的联接称为隐喻扩展联接。也就是说，若一个构式所获得的语义解释是通过隐喻的方法由另一个构式的意义延伸而来的，那么它们便构成了隐喻扩展联接。例如，动结构式和"致使—移动"构式间的联接关系便是隐喻扩展联接的一个实例，因为动结构式表示的状态变化可以看作是"致使—移动"构式表示的实际的处所移动的隐喻（见图 3.12）。

"致使—移动"构式

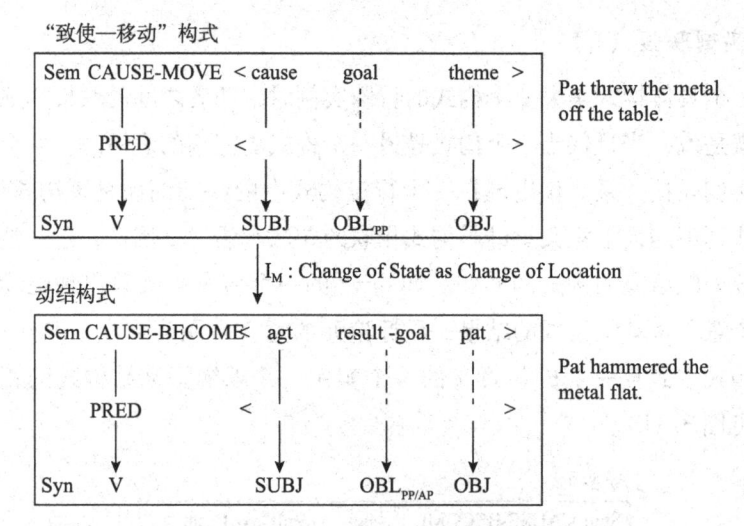

```
Sem  CAUSE-MOVE < cause      goal       theme  >
       │           │           ┊          │
      PRED        <                       >
       │           │           ┊          │
Syn    V         SUBJ        OBL_PP      OBJ
```
Pat threw the metal off the table.

I_M : Change of State as Change of Location

动结构式
```
Sem  CAUSE-BECOME< agt      result-goal   pat  >
       │           │           ┊          │
      PRED        <                       >
       │           │           ┊          │
Syn    V         SUBJ        OBL_{PP/AP}  OBJ
```
Pat hammered the metal flat.

图 3.12 "致使—移动"构式与动结构式间的隐喻联接

以上四种承继类型,其中的三种在"S + Vi_{足部位移} + O"各子类构式的承继中得到了体现。下面我们详细讨论。

3.3.2.2 "S + Vi_{足部位移} + O"构式的原型

研究构式间的承继关系,寻找构式的原型非常重要。本书所考察的这30个足部位移不及物动词,其原型义重在描述主体作出的与足部位移有关的动作行为,将这种语义结构对应为句法结构,便可以得到它们的典型构式"S_{主体} + Vi_{足部位移(时体成分、句末语气词等)}",如"他跑了""咱们走吧""犯人逃了"等。不过,语言现象纷繁复杂,人们在描述某种现象时会力求表达的精细化,因此在原型简单构式基础上引申出的多样表达式便应运而生,来承担对动作细节加以详述的功能。以"跑"为例,如说明"跑"速度之快的"他飞一般地跑了";报道"跑"所沿路径或发生场所的"梦见自己在山路上跑""每天都在公路上跑"……这些描述细节的引申形式可进一步码化为"S_{主体} + M❶ + Vi_{(时体成分、句末语气词等)}",其意义为"主体如何进行足部位移动作"。足部位移不及物动词的原型简单构式及其引申构式对"S + Vi_{足部位移} + O"构式的形成有着重要影响。

菲尔墨从框架语义学角度对动词意义的分析为我们认识动词及其相关结构提供了一个崭新的视角。他指出一个动词所联系的语义框架中的元素是复杂多

---

❶ M 表示与 Vi_{足部位移} 有关的各种修饰、说明性成分。

样的，但动词对这些元素的选择又并非零散随意，因为"任何一个谓词，它的每一个意义用法都有一个给定的透视域"（菲尔墨，1982），这个透视域体现了语言使用者观察事件的视角，只有进入透视域的元素才有可能在句法上得到表征。后来，塔尔米（1996）在框架语义学基础上提出了事件框架理论，指出"在事件框架分析模式中，存在两个认知过程：突出事件框架某部分的认知过程的'注意窗'和忽略事件框架中某些部分的认知过程的'注意脱漏'"。正是由于这两个认知过程的制约作用，人们在使用某个动词时总会侧重于事件的某些方面而忽略其他方面，这就导致语言中出现了因凸显动词的不同侧面而形成的各种表达式。

"透视域""注意窗"及"注意脱漏"，对分析"S + Vi$_{足部位移}$ + O"构式有很好的解释力。在足部位移不及物动词原型构式基础上引申出的多种构式较为详细地报道了动作行为的细节，当这些细节进入"透视域"或"注意窗"成为表义焦点时，它们必然也会借助一定的形式加以凸显。根据"焦点在尾"及经济性原则，这些凸显成分很有可能后移占据宾语位置，形成"S + Vi$_{足部位移}$ + O"构式。

3.3.2.3 从原型及其引申构式的焦点化形式承继而来的部分"S + Vi$_{足部位移}$ + O"构式

1. 表出现/存在或消失（受损）义的"S + Vi$_{足部位移}$ + O$_{施事}$"构式与原型"S$_{主体}$ + Vi$_{足部位移（时体成分、句末语气词等）}$"构式

（283）路上走着一群人。

（284）乡间道路上奔跑着汽车、拖拉机；绿树环绕的凯松小学，传来一阵阵朗朗的读书声。

（285）在到王官庄的路上，逃跑了十几个伪军。

（286）动物园跑了一只狗熊。

（287）可是义军与官兵不同，官兵一千人只是一千人，动不动还要逃跑一些……

（288）本来个头很大的孙布袋，人已收缩得走了形，他就像个孩子似地躺在那里，显得又瘦又小。

如例（283）至例（286）所示，作为存现构式的 S$_{处所}$ + Vi$_{足部位移}$ + O$_{施事}$ 与原型构式关系较为直接，主要表现为施事主语或主语的领属部分后移至宾语位

置，并伴随作状语的"处所"成分提升至主语位置而成。理论上，在足部位移不及物动词的原型构式中，往往只需一个"动作行为的主体（施事）"便可足义，但人们根据认知经验，可以理解这种动作行为的进行还需要借助一定的处所，而处所因为为默认知识，即使得不到显性表达也并不影响人们对构式义的理解，因此它常常处于潜伏的候补位置，在句法上多实现为状语。当这个最容易被激活的背景元素在原型构式表征发生变化时，能够根据需要使身份由隐变显，促成新构式的产生。

以例（286）为例。根据"跑"的不及物性，"一只狗熊（从动物园）跑了"是原型构式，构式义可概括为"主体作出'跑'这样的足部快速位移动作"。然而，当观察者的视角聚焦于动作行为主体而将其纳入"透视域"使之得到凸显时，按照"焦点在尾"原则，该成分易被置于句末宾语位置；而原型构式中的状语成分"处所"作为已有的环境或条件为旧信息，倾向于占据句首位置，由此形成"动物园跑了一只狗熊"类"存现构式"。

如前所述，"存现"义包括"出现/存在"和"消失"两类意义。就"出现/存在"义构式而言，其构式义可详述为"某处因主体特定（足部或相关）的位移行为而出现或存在某人/某物或某种新情况/新现象"。根据多义承继联接，"出现/存在"义可看作为原型构式义"主体作出足部位移动作"的扩展，通过"主体因足部位移等动作行为而导致某种新现象或新情况的出现或存在"这样的因果关联从原型构式承继语义信息。

而"消失义"构式则略显复杂。除例（285）、例（286）这样的典型隐现构式外，"消失义"构式中还包含如例（287）、例（288）所示的由指明事件发生"范围"成分充当主语的情形，用来说明"消失"与某范围有关。这样的构式与存现构式的相通之处在于均表"消失"，而且"消失"往往还指向一个隐含的"主体"，并使"主体"因"消失"而遭受损失。故而，"消失义"可进一步表述为"消失（受损）"义。"消失（受损）"与"出现/存在"不同，但又不乏联系。因为"消失（受损）"可以理解为一个从无到有的变化过程❶，这种变化可以看作是同样经历从无到有的"出现/存在"义的多义性表述。二者共同的核心义在于"从无到有的变化性"，差异是"变化"给主体带

---

❶ 说"消失（受损）"是一个"从无到有的变化过程"似乎不太好理解，但是我们若像理解"得"那样，将"失"理解为"损失的获得"，即原来没有损失后来却得到了损失，便可以理解"从无到有"的含义了。

来的后果:"消失"性变化,通常情况下对主体而言是一种"损失",而"出现或存在的新情况或新现象"则有可能包含对主体的有益性影响。❶ 如此,这两种构式通过多义联接承继相联,其承继关系如图 3.13 所示。

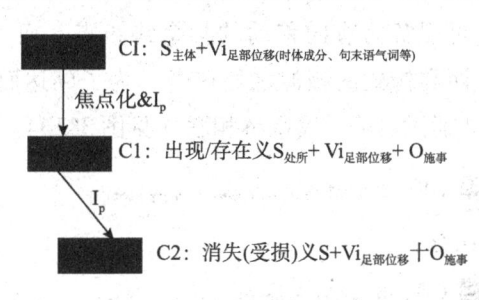

```
        CI: S_主体+Vi_足部位移(时体成分、句末语气词等)
             │
             │ 焦点化&I_p
             ↓
        C1: 出现/存在义 S_处所+Vi_足部位移+O_施事
             │
             │ I_p
             ↓
        C2: 消失(受损)义 S+Vi_足部位移+O_施事
```

图 3.13　"存现"构式与原型构式间的承继联接

2. 处所义"S_主体 + Vi_足部位移 + O"构式与原型引申焦点化构式"S_主体 + Vi_足部位移 + M"

原型引申构式 S_主体 + M + Vi_足部位移(时体成分、句末语气词等) 中的 M 是表示与 Vi_足部位移 有关的各种修饰、说明性成分,也即动词所联系框架中的背景元素。当这些背景元素成为焦点得到凸显时,便有了 S_主体 + Vi_足部位移 + M 构式,此构式我们称为"原型引申焦点化构式"。

足部位移不及物动词表述足部位移动作,该动作的进行必然借助一定的处所。当处所得到凸显时,M 被例示为"处所"成分,形成"S_主体 + Vi_足部位移 + O_处所"构式,此类子构式几乎覆盖本研究所考察的每一个动词,是分布最为广泛的类型。而"处所"又有典型与非典型之分,根据它们与动词组配后构式整体所表达的意义,在 3.3.1.1 节中我们将"处所义"构式进一步细化为"移动类"与"目的类"两个子类,如下例所示:

(289) 看到别的青年夫妇带着孩子<u>遛马路</u>、逛公园,合家欢乐,贾丽娜也曾羡慕过。

(290) <u>爬泰山</u>,给人以"朝天"的感受,登顶,既观日出,又"小天下"。

(291) 县委 10 名常委无一人为其家属、子女、亲友在晋级、参军、招干等方面搞特殊,<u>走后门</u>。

---

❶ 当然,这只是就通常情况而言。有时候,"消失"给主体带来的也可能有益性影响,如对主体而言不如意的人或物等的"消失"便会造成积极的、如意的结果;"出现/存在"亦是如此。

两类子构式总体上承继了抽象"处所"义构式的意义和句法形式，是对构式的具体例示，与之构成实例联接关系；同时，两类子构式又借助隐喻扩展联接彼此承继相联：根据认知语言学，可以将"目的"看作是"处所"的隐喻。因为，"处所"可理解为有向移动的某个终止点，而"目的"正是这个"终止点"的隐喻，两类构式的相似之处在于"为了到达而移动"，从而"目的"与"移动"构式通过隐喻扩展承继相联（见图3.14）。

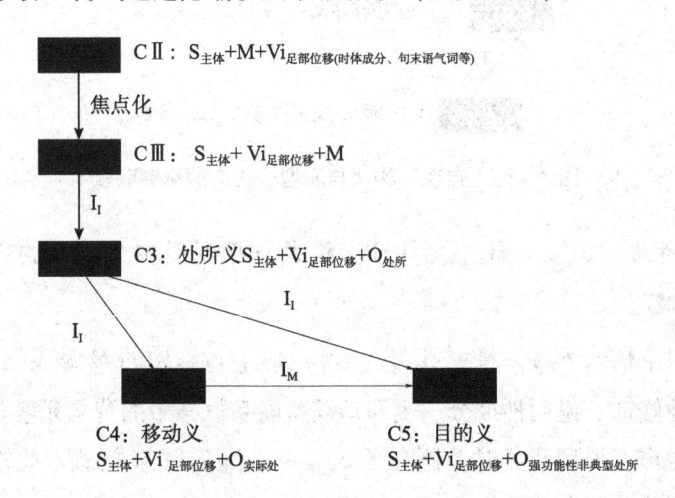

CⅡ：S$_{主体}$+M+Vi$_{足部位移}$(时体成分、句末语气词等)

↓ 焦点化

CⅢ：S$_{主体}$+Vi$_{足部位移}$+M

↓ I$_I$

C3：处所义 S$_{主体}$+Vi$_{足部位移}$+O$_{处所}$

C4：移动义
S$_{主体}$+Vi$_{足部位移}$+O$_{实际处}$

C5：目的义
S$_{主体}$+Vi$_{足部位移}$+O$_{强功能性非典型处所}$

图3.14 "处所"构式与原型引申焦点化构式及"处所"构式内部的承继联接

3. 时间义、工具义、方式义"S$_{主体}$+Vi$_{足部位移}$+O"构式与原型引申焦点化构式

受动词语义特点的影响，当某些动词所联系的框架元素中的时间、工具或方式等元素得到凸显时，它们便会实现为原型引申焦点化构式"S$_{主体}$+Vi$_{足部位移}$+M"中的M，因而有了相应的表达"时间""工具""方式"等的"S$_{主体}$+Vi$_{足部位移}$+O"构式。它们均是对图式性"S+Vi$_{足部位移}$+O"构式的具体例示。

其中，"方式"，如前所述，有具体与抽象之别。例如：

（292）台上不但人走道<u>迈方步</u>，连马走道都<u>迈方步</u>。

（293）尹白大受刺激，车子<u>走之字</u>。

（294）为了赶上进度，我们的零部件都选择<u>走空运</u>，目前仅其中一个部件的空运费用就达到了近50万元。

（295）上次为解决全家共用的一个煤气罐，<u>跑人情</u>十四人次。

"具体方式"义构式动作与宾语之间的关系较为直接,表示"主体进行某种动作行为时依据某一具体方式";而"抽象方式"义的解读更需依赖构式整体以及人们的百科知识,其中动词对原型足部位移义有所偏离。然而,不论具体还是抽象,它们都是对"方式"义从不同侧面的描述,二者存在多义联接关系(见图3.15)。

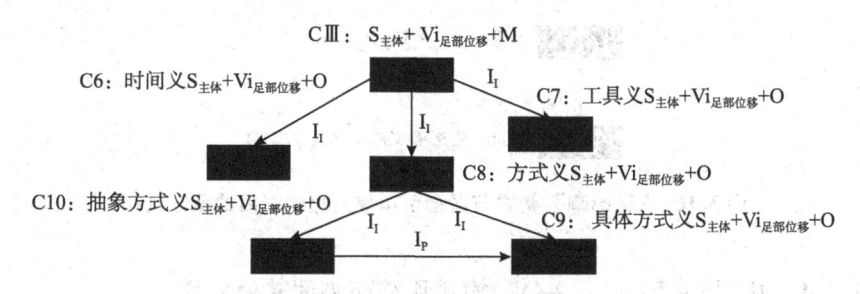

图3.15 "时间""工具""方式"构式与原型引申焦点化构式
及"方式"构式内部的承继联接

4. 受影响义"$S_{主体}+Vi_{足部位移}+O$"构式与原型引申焦点化构式

有些动词其语义内涵中蕴含着一个动作行为所关涉之对象,如"攀""奔(bèn)",这样的对象并非动作直接及于其上而产生明显的变化,因此不是受事性成分,根据前文所述,我们将其认定为受影响成分。当它们进入观察者的透视域得到凸显时,便例示了原型引申焦点化构式 $S_{主体}+Vi_{足部位移}+M$ 中与受影响性有关的 M,这样的 M 因受到动作行为的间接影响而使构式能够表达"主体动作行为的发出使相关对象受影响"义,例如:

(296)他平等待人、以诚相见,对晚辈尤为热情,但并不表现在表面上,有时反而显得"冷漠",加之他"不<u>攀</u>领导",所以一开始人们还觉得他有点"怪"。

(297)到了才知道,女儿的几个同学也撤到了这里,或<u>奔亲戚</u>,或父母在这里有房子。

而有的动词,如"遛""迈""退"等,其本原的语义框架中并不蕴含动作行为所关涉之对象,但因日常生活中存在动作行为与某些对象可以发生关联的情景,使人们能够在认知过程中将这些对象同这样的动作行为联系在一起,而产生了如下用例:

(298)他慢慢地<u>遛着马</u>,埋怨着自己,埋怨着刚才他那番话是否有必要。

(299) 期颐之年终迈前贤，此非妄望。

(300) 兵书上说："兵不厌诈"，诸葛亮就用"空城计"巧退司马懿大军。

根据认知经验可知，上述诸动作行为也可以使相关对象受到影响而产生或明或暗的变化，因而也能够生成表"受影响"义的 $S_{主体}+Vi_{足部位移}+O$ 构式。它们以更为具体的语义内涵例示了 $S+Vi_{足部位移}+O$ 构式的存在（见图3.16）。

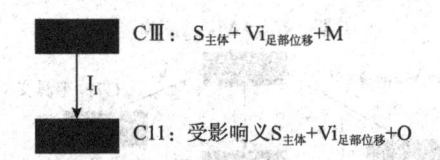

CⅢ：$S_{主体}+Vi_{足部位移}+M$

I_I

C11：受影响义$S_{主体}+Vi_{足部位移}+O$

图3.16 "受影响"构式与原型引申焦点化构式间的承继联接

3.3.2.4 从"$S+Vi_{足部位移}+O$"构式承继而来的其他构式

1. 结果义"$S_{主体}+Vi_{足部位移}+O$"构式与处所义"$S_{主体}+Vi_{足部位移}+O_{典型处所}$"构式

"结果"义的解读可以看作是"处所变化"的隐喻。结果的出现是一个从无到有的状态发生变化的过程，与处所因位移而位置发生改变有着内在的相似性。因此，表结果的"$S_{主体}+Vi_{足部位移}+O$"构式可以看作是通过隐喻扩展联接从与典型处所有关的移动义"$S_{主体}+Vi_{足部位移}+O_{典型处所}$"构式承继相关信息而来。例如：

(301) 四二、四三年就跑张家口儿，跑张家口儿那是自个儿啊，就跟做小买卖儿似的。

(302) 最后，约翰逊仅跑了第三名。

二者之间的承继关系如图3.17所示。

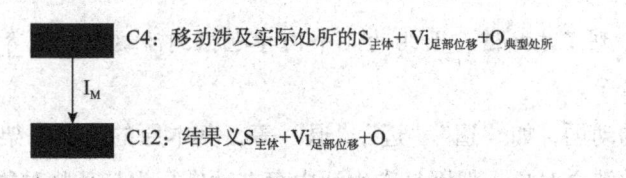

C4：移动涉及实际处所的$S_{主体}+Vi_{足部位移}+O_{典型处所}$

I_M

C12：结果义$S_{主体}+Vi_{足部位移}+O$

图3.17 "结果"构式与"处所"构式间的承继联接

2. 动机义"S_{主体} + Vi_{足部位移} + O"构式与处所义"S_{主体} + Vi_{足部位移} + O_{处所}"构式

"动机"包含"原因"和"目的"两种意义。不论因"原因"还是"目的"而作出某种动作行为，都是为了使事件解决而令行为终止。在"终止"义上，"动机"与"处所"作为"有向位移的终点"有相似之处，因而"动机"可以看作是"处所"的隐喻。而较为特殊的"借处所功能而实现某种动机"义的"S_{主体} + Vi_{足部位移} + O_{强功能性非典型处所}"构式与专表"动机"义的"S_{主体} + Vi_{足部位移} + O"构式又因"目的"的共通性以及实现目的的途径的差异而存在多义关系。例如：

(303) 就这样，世明公司依靠诚实做生意，深购远销<u>跑全国</u>，讲究信誉重管理，生意越做越红火。

(304) 他说那些年北溶的干部主要是跑"三场"：<u>跑官场</u>，<u>跑市场</u>，<u>跑科场</u>。

(305) 十几年来，他们<u>跑征地</u>、奔贷款、忙招商，直把这些市场办得红红火火。

因此，它们之间的承继关系如图 3.18 所示。

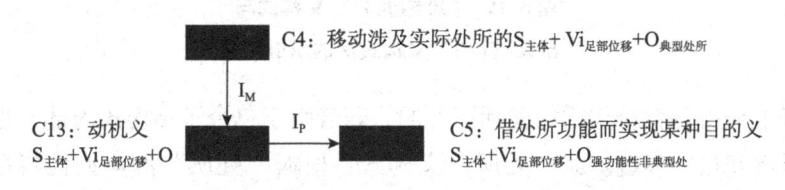

图 3.18 "动机"构式与"处所"构式间的承继联接

3. 容纳能力义"S_{处所} + Vi_{足部位移} + O_{施事}"构式与出现/存在义"S_{处所} + Vi_{足部位移} + O_{施事}"构式

(306) 小时候听一个到过北京的大人说，<u>北大校园里能跑汽车</u>，他就天天想，可怎么也想不出来能跑汽车的校园是什么样的。

(307) 我觉得让讲故事的人最轻松的讲法就是<u>满嘴跑火车</u>，那才好玩呢。

上述用例，我们将其概括为"容纳能力"义构式。此类构式与"出现/存在"义构式有着密切关系：形式上，该构式承继"出现/存在"义构式的句法特征,即"S_{处所}+Vi_{足部位移}+O_{施事}";意义上,"容纳能力"构成了"出现/存在"实现的前提条件——"因为有这样的能力才可以使相关现象出现或存在"。在因果关系作用下,"容纳能力"义构式与"出现/存在"义构式形成多义承继联接。

构式语法主张的承继模式是"正常样式承继",即承继构式并非从被承继构式获得全部信息,允许次规则和例外的存在。"容纳能力"义构式与"出现/存在"义构式的差异,恰在于处所主语性质的不同,"出现/存在"义构式主语为典型处所,是表达"某处出现/存在什么"的原型成员,而"容纳能力"义构式的主语则兼具"处所"与"特定功能"双重属性,且如前分析可见,此时强调"空间性"的"处所"功能退居次位,处所的"特定功能"得到凸显,从而影响到构式表义。

二者的承继关系如图 3.19 所示。

C1: 出现/存在义 S_{处所}+Vi_{足部位移}+O_{施事}

I_P

C14: 容纳能力义 S_{处所}+Vi_{足部位移}+O_{施事}

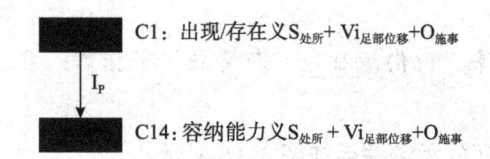

图 3.19 "容纳能力"义构式与"出现/存在"义构式间的承继联接

以上分析是就跨构式的概括而言的,若着眼于单个子类构式内部,也可以发现承继联接的痕迹。如"处所"义构式,根据"处所"的典型性特征,该构式可进一步细化为两个次类构式。它们与上位处所义构式形成纵向实例联接的同时,彼此间还存在横向隐喻性联接关系,即以表示"位移涉及典型处所"的"移动"为中心,扩展出侧重处所独特属性的"目的"子构式。"存现"义构式和"方式"义构式内部也表现出复杂的承继关系。

最后,将"S+Vi_{足部位移}+O"构式所有子类构式及其间的承继联接关系整理为图 3.20。

3 足部位移不及物动词带宾结构的构式分析

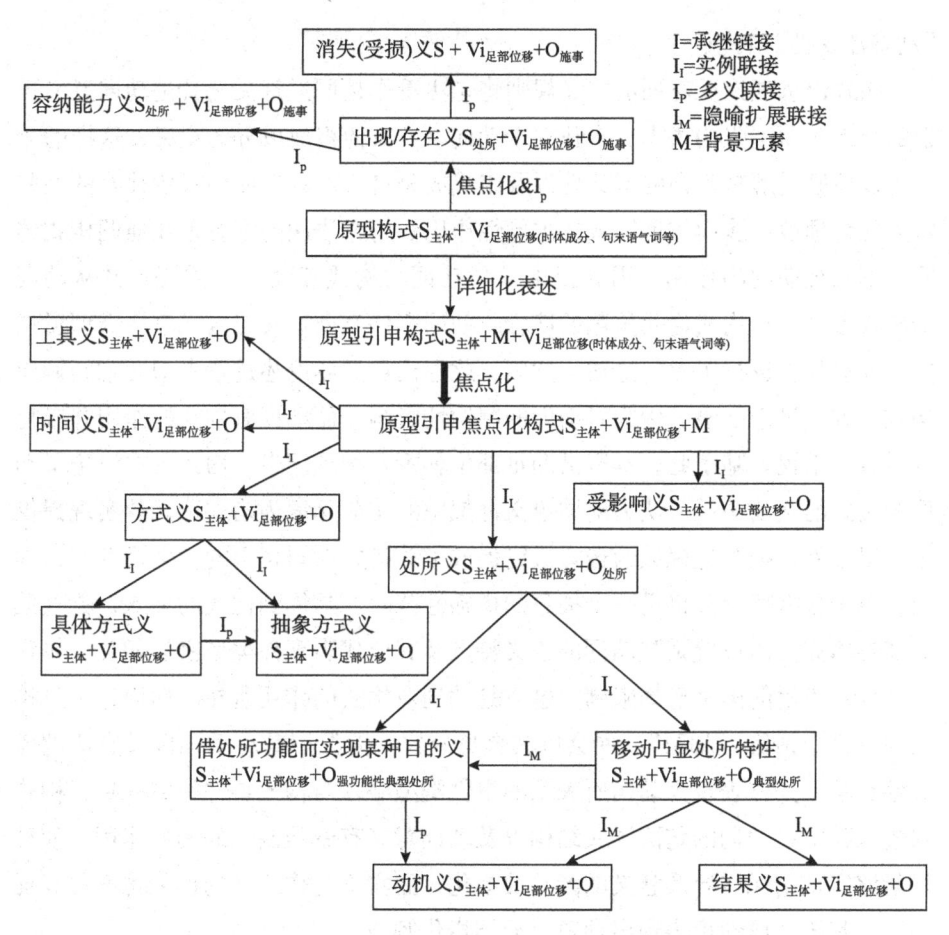

图 3.20 "S + Vi_足部位移 + O" 构式所有子类构式及其间的承继联接

3.4 本章小结

本章以戈德伯格为代表的构式语法为理论基础，首先对足部位移不及物动词带宾结构的构式性进行了判定。依据戈德伯格（1995、2006）的构式判定标准，该结构在句法形式、意义以及语用功能上具有不可完全预测性或高使用频率特征，据此将其分析为构式有着充分理据。其次，根据"形义关系透明度"观点，伴随构式形义关系透明度的降低，构式越来越具有典型性，最终在共时层面上经历了由非典型构式到典型构式的构式化过程，体现了构式

"动态浮现性"特点。

　　构式语法理论反对词汇主义规则将句法看作是词汇意义尤其是动词意义投射的结果，而主张构式本身有独立于动词以及其他组成成分的意义，这样的意义可以更好地解释动词的多义性以及组成成分自身不具有而构式所独有的某些特点的合理性，从而体现构式的主导性作用。构式语法的本意是在强调构式的同时不忽视动词的作用，因此提出了"动词与构式互动"的主张，并从动词的参与者角色与构式论元角色的熔合、动词事件类型意义与构式事件类型意义的匹配等角度进行了专门论述。然而，此理论在具体论述过程中却无意间偏向构式一方，过于凸显了构式对动词的制约性影响，而动词对构式的作用并未得到应有的重视。基于此，本章借助足部位移不及物动词带宾构式着重讨论了动词与构式的互动关系，认为动词语义框架中的相关元素为构式论元的实现提供了前提条件，配合透视域的选择最终促成了该构式在语言中的产生及存在；同时，由于各框架元素仍是一个抽象的概括性范畴，具体到构式的准入，哪些成分能够填充宾语位置则与动词的语义特点及其所代表事件类型密切相关，体现了动词对宾语的语义选择限制，这亦是动词对构式的作用所在。然而，一旦构式在语言中站稳"脚跟"，便会以其自身的独特性发挥着对动词以及宾语的压制性影响，具体表现为动词所表示的事件类型必须与构式事件类型一致，构式对进入其中的动词的句法语义结构以及动词意义有着强制性的调变作用，使动词能够实现论元增容及意义的渐趋抽象化；而宾语与构式义的抽象化事件表征一致，其语义属性也表现出抽象化或类指化倾向。

　　构式语法理论认为，语言中的构式不是一个无序的集合，它们可以借助相关途径联接成一个有组织、有理据的网络系统，这个系统构建的重要途径是承继联接。在讨论构式间的承继联接之前，首先梳理了足部位移不及物动词带宾语这个图式性构式下包含的多个子类构式。这些子类构式在句法形式表征和语用功能的表达上表现出一致性，而在构式义的表述上与图式性构式义保持密切关联的同时又各有侧重。这些异同的存在，使其看上去似一个"家族"，聚合在一起形成了该构式的家族类聚。在这个类聚中，各子类构式与图式性 S+Vi$_{足部位移}$+O 构式存在着图式—例示关系，它们以自身具有的特点详述了图式构式抽象化事件表征的具体语义内涵。除了跨构式的承继联接，单个构式内部亦有自己的承继方式。如此，构式承继如同词汇多义性扩展，既有纵向的辐射型联接，又有横向的链式引申，二者相互交织共同构建了复杂的构式承继网络系统。

4 足部位移不及物动词带宾能力差异原因之探讨

第3章我们从宏观层面对30个足部位移不及物动词带宾语所形成构式的情况进行了讨论，绘制了各子类构式共同构建的承继网络系统，凸显了构式的共性所在。其实，若着眼于每一个不及物动词内部，可以看到它们都可以与相应的语义宾语组配形成小的次类构式群。在这个过程中，亦可以发现各动词所搭配宾语的情况并不相同，具体表现为所带宾语类型的数量和性质上的差异，由此反映出动词带宾能力的强弱之别。具体而言，一个动词所带宾语的类型越多，该动词所能支配的语义成分越多，这个动词的带宾能力越强（魏红，2008）。通过深入动词内部考察不及物动词带宾语的具体情况，并探讨其带宾能力存在差异的原因，有助于多角度认识足部位移不及物动词带宾构式的特点。

4.1 足部位移不及物动词带宾语的具体情况

就本书所考察的30个足部位移不及物动词而言，每一个动词所带宾语的性质和数量都表现出一定的差异，在表4.1中清晰可见。

表 4.1　30 个足部位移不及物动词带宾语的语义类型及数量

序号	动词	宾语语义类型❶	例子❷	宾语语义类型的数量（X 类）
1	跑	处所	跑山路；跑里圈；跑图书馆；跑官场	6
		结果	跑了第一名；跑了一身汗	
		工具	他靠跑出租车挣了钱；咱们跑货车/客车能赚钱吗	
		方式	跑之字形；跑马拉松；跑单帮	
		施事	路上跑着一群年轻人；烟跑了味儿	
		动机	跑材料；跑广告；跑买卖	
2	走	处所	走四方；走旱路；走后门；走娘家	5
		结果	走当头炮；走了一个"心"字；走了个碰头	
		时间	走两头黑；走过了 33 个春秋	
		方式	自行车走轮渡；走圆场；走方步；走人情	
		施事	路上走着一群人；走了两辆车；走了腔调儿	
3	跳	处所	跳水沟；跳台阶；跳壕沟	5
		工具	跳降落伞；跳大绳；跳皮筋	
		方式	跳三级跳；跳华尔兹；跳大神	
		施事	跳了一只蚂蚱；线路跳了闸	
		动机	左眼跳财，右眼跳灾	
4	蹦	处所	蹦水沟；蹦嘴里了	5
		时间	蹦日子	
		结果	蹦了一个高	
		方式	蹦迪斯科	
		施事	蹦了一对螃蟹；蹦字	

---

❶ 为了论述方便，此处仍沿用前人对宾语语义角色的称谓，未对宾语进行重新分类，不过我们还是强调宾语义角色的确定与其所在的构式相关，且越是典型性构式对宾语及动词意义的压制性作用越显著。

❷ 为行文简洁，当主语为常规有生主体且不影响意义理解时，则省略不写。

4 足部位移不及物动词带宾能力差异原因之探讨

续表

序号	动词	宾语语义类型	例子	宾语语义类型的数量（X类）
5	遛（liù）	处所	遛公园；遛马路；遛地摊	5
		时间	遛早；遛晚	
		方式	遛大弯；遛圈子	
		对象	遛百灵鸟；遛大狗	
		动机	遛百病；遛食	
6	迈	处所	迈门槛；迈台阶	4
		方式	迈大步；迈方步；迈着八字步	
		施事	迈左脚；迈右腿	
		对象	迈了我个头过顶；迈前贤	
7	爬	处所	爬洞里去了；爬黄山	4
		结果	爬一身土；爬一屁股麦芒子	
		工具	爬梯子；爬绳子	
		施事	紫罗兰上爬着一只毛毛虫	
8	奔（bèn）	处所	奔县城；奔电影院	4
		使事	奔朋友；奔亲戚	
		方式	他们为生活的基本需求而奔命（拼命做事情）	
		动机	奔秋装；奔点儿货；奔学历	
9	攀	处所	攀险峰；攀高枝儿	3
		对象	攀穷亲戚；攀大款	
		动机	攀近乎；攀交情	
10	逛	处所	逛马路；逛巴黎；逛商场	3
		结果	逛了一身汗	
		动机	逛风景；逛热闹	
11	退	处所	退山头上；退村子里	3
		对象	退敌军；退司马懿大军	
		施事	退海潮；退肿	
12	逃	处所	逃国外；逃苏联	3
		施事	逃了个俘虏；逃了一个兵	
		动机	逃灾难；逃饥荒；逃厄运	

续表

序号	动词	宾语语义类型	例子	宾语语义类型的数量（X类）
13	滑	处所	滑旱冰；滑草	3
		结果	滑了个跟头；滑了个弧形	
		施事	滑了脚	
14	登	处所	登泰山；登险峰	2
		结果	登科举	
15	钻	处所	钻林子；钻地道；钻图书馆	2
		施事	钻黄沙；钻风	
16	转	处所	转了很多地方；转了几家商场	2
		方式	转圆圈；转弯子	
17	溜（liū）	处所	溜岗；溜课	2
		施事	溜了一个人；溜了魂儿	
18	跨	处所	跨门槛；跨小桥；跨部门；跨学科	2
		时间	跨年度；跨朝代	
19	奔（bēn）	处所	各人奔着各人的道儿	2
		动机	词曲作者为数不尽的晚会而奔命；奔丧	
20	穿	处所	穿马路；穿草地；穿胡同	2
		施事	四面穿风	
21	越	处所	越断桥；越国境；越级别	2
		时间	越冬；越年	
22	跃	处所	鲤鱼跃龙门；跃崇岭	2
		施事	跃身；跃马	
23	奔走	处所	奔走山路；奔走江湖；奔走人家	2
		动机	奔走衣食；奔走国事	
24	奔跑	处所	奔跑两处；奔跑各地；奔跑政府机构	2
		施事	田径场上奔跑着一群教练；乡间道路上奔跑着汽车、拖拉机	
25	逃走	处所	逃走西安；逃走广东	2
		施事	逃走了一个护卫；逃走了1000人	
26	逃跑	处所	逃跑广州	2
		施事	逃跑了一个人；逃跑了十几个伪军	

续表

序号	动词	宾语语义类型	例子	宾语语义类型的数量（X 类）
27	倒退	结果	倒退了几个踉跄；倒退十几个名次	1
28	后退	结果	后退了35位；后退十几个名次	1
29	前进	结果	前进7名；前进三到五个位次	1
30	攀登	处所	攀登珠穆朗玛峰；攀登新台阶	1

从上表可以看出各个动词带宾能力的不平衡性："跑"所带宾语类型最多，为6类；"走""跳""蹦""遛（liù）"次之，可带5类宾语；"迈""爬""奔（bèn）"再次，可带4类宾语；"攀""逛""退""逃""滑"可带3类宾语；所占比例最大的为带2类宾语的动词，有"登""钻""转""溜（liū）""跨""奔（bēn）""穿""越""跃""奔走""奔跑""逃走""逃跑"13个；而"倒退""后退""前进""攀登"则仅带"结果"或"处所"1类宾语。正是由于动词带宾能力的不平衡性使得 S + Vi$_{足部位移}$ + O 构式形成参差多样的构式网络。当然，动词带宾能力越强，为构式提供的子类型越丰富，反之亦然。是何种原因导致了这些动词带宾语能力的不平衡性？接下来分析其中的原因。

4.2 足部位移不及物动词带宾能力存在差异的原因

4.2.1 动词的音节数量与带宾能力强弱的关系

从音节数量观察，此30个足部位移不及物动词，既有单音节也有双音节，且单音节占多数，共22个，约占总数的73%；双音节8个，约占总数的27%。音节数量的差异并非只是形式上的表现，而是对动词带宾能力的强弱产生着影响。

张国宪（1989a、1990a）的研究表明，当动作动词与宾语搭配表示动宾关系[1]时，单音节动词对名词的音节选择非常自由，既可以与单音节名词搭配也可以与双音节名词搭配，而双音节动词对名词的选择则有某些音节上的限制，通常是$V_双$与$N_双$组合，而不与$N_单$搭配，由此可见，单音节动词对宾语的选择范围要比双音节动词广。张国宪（1997）进一步指出，动词音节的多少和内部构造的不同可以作为测定动词动作性强弱的两个显著特征，在一定程度上单音节动词的动作性比双音节动词强，其带宾能力也更强。张云秋（2004）通过对"$V_单+N_{单/双}$"和"$V_双+N_{单/双}$"两种结构的比较验证了张国宪（1997）观点的正确性。魏红（2008）在二位学者研究的基础上就现代汉语一些常用动词的带宾能力从音节数目角度进行考察，所得结论与其一致。

在单双音节动词带宾能力强弱的差异上，几位学者达成了共识。观察我们的语料，亦支持这样的结论。如表4.1所示，在足部位移不及物动词带宾构式中，所涉及的30个动词，单音节动词占绝对优势，而且这22个单音节动词中又有13个所带宾语的类型均在3类以上；相较而言，8个双音节动词所带宾语类型则明显减少（多为2类或1类）。由此可见，足部位移不及物动词总体上也遵循单音节动词带宾能力强于双音节动词的规律。

为何如此？我们认为与动词单双音节数背后隐含的特定语义内涵及动词本身对语言使用环境的适切性有关。例如，均是表达"足部快速移动"义的"跑""奔跑""奔走"，双音节"奔跑""奔走"与单音节"跑"相比，语义上显然因"奔"的入列而多了一层"急忙"的状态描摹义。这一点可以通过前面添加修饰成分来验证，我们可以说"快跑""慢跑"，但不能说"*快奔跑""*快奔走""*慢奔跑""*慢奔走"。后者不成立固然与韵律搭配规律有关，但更为根本的，仍在于修饰成分与动词语义本身的重复或冲突，可见双音节动词比单音节动词蕴含了更多的语义规定性。再如，"逃"与"逃走""逃跑"相比，其意义基本相同，但在语境适切度上却有所差异，这亦导致了动词带宾能力的不同。单音节动词"逃"适用于口语化的语境，而双音节动

---

[1] 动词可分为动作动词、状态动词和关系动词。动作动词与名词搭配时形成的关系可以是动宾关系、偏正关系，或两者兼而有之，如"唱国歌""使用材料""出租汽车"等。本研究只关注动作动词带名词性宾语形成的动宾关系，偏正关系等不作讨论。

词"逃跑""逃走"则多用于书面色彩较强的语境。❶ 在真实交际中,话语交谈具有当面性和即时性特点,这使得交谈双方倾向于选用通俗、简单易懂的词语,因此普通和常用词汇在口语交际中占主导地位,而在普通和常用词汇中单音节词又占绝大多数(张国宪,1989c),这无疑会导致单音节词在口语交际中有着更高的使用频率。❷ 高使用频率又是促发词语用法扩展的重要因素之一,从而使得高频单音节动词与多种语义类型宾语搭配成为可能。书面语相较而言稳固性强,不受时间限制,作者在词语的选用上可以深思熟虑、推敲修改,这便导致书面语言在表述上更具有准确性(杨俊萱,1984),双音节动词恰符合这样的特点,表义上具有精确性和单一性特征(张国宪,1989c)。双音节动词的这种特性在一定程度上制约了与动词有关的具体动作义的表述,使动词的动作性受到抑制,而增添了某些具有描写性的附加语义特征。这种变化使得它们对其后所搭配宾语的选择有了更多的限制,进而影响了动词的带宾能力。也正是因此,当双音节足部位移不及物动词进入 S + Vi$_{足部位移}$ + O 构式时,动词本身的意义更容易保留,形成非典型构式;而单音节动词则由于表义相对概括、宽泛,在构式中更容易被抽象化,倾向表类义动作行为。当然,即使同为单音节动词,它们的带宾能力也并不相同,这种差异与动词的使用频率有关。

4.2.2 动词的使用频率与带宾能力强弱的关系

在带宾能力差异上,由音节数量来看,总体倾向为单音节动词带宾能力强

---

❶ 当然,"跑"与"奔跑""奔走"也存在这样的语体差异。因此,张国宪(1990a)指出,与双音节动作动词比较,单音节动作动词是一种口语词汇,适应于口语语体;而双音节动作动词则更适应于书面语体。不过,我们认为,这只是一个总体性倾向,其间也有程度性差别。以双音节动词为例,"奔走、奔跑、倒退、后退、前进、逃走、逃跑、攀登"这8个双音节动词其带宾能力虽然有限,但尚可以带,而与它们意义相近或相关的"飞奔、驰骋、退后、跃升、逃生、攀援"等则完全不可以带宾语。这与其书面语色彩的强度差异有关,后者书面语色彩浓厚,一般言语交际中不会使用;而前者书面语色彩相对淡薄,在交际中有时会被使用,人们对其也较为熟悉,因此便有可能导致用法的适度延展,形成 S + Vi$_{足部位移}$ + O 构式。

❷ 《现代汉语频率词典》(1986)的统计数据显示,汉语中出现频率最高的前100个词,累计频率占全部语料的41.8%,而这100个词中有84个单音节词;前250个高频词累计频率占全部语料的53.7%,其中单音节词达193个;前1000高频词累计频率为73.1%,单音节词有571个。由此可见,在语言使用过程中,单音节词的使用频率非常高。

于双音节动词。不过，即使均是带宾能力较强的单音节动词，在所带宾语的语义类型及数量上也存在差异，这与单音节动词在语言交际中的使用频率相关。

尽管现代汉语词汇量非常大，但每一个词语在语言中的使用频率有所不同：有的词语使用频率高，称之为高频词；有的词语使用频率低，称之为低频词。已有研究表明：高频词往往是指那些与人的生存有密切关系的事物名词、动作动词、"是、有"等非动作动词以及一些功能词，而低频词所指代的对象则与人的生存关系不那么紧密（张云秋，2004）。由此可知，与人类生存密切相关且在日常生活中经常出现的动词为高频动词，反之则为低频动词。但究竟哪些是高频动词，哪些是低频动词，目前学界尚没有统一的确定标准。研究者们也多是根据自己的研究需要，从相关工具书中抽取常用动词作为考察对象，如亢世勇（1998）、邢红兵（2003）、魏红（2008）等。由于研究角度不同、涉及内容不同，研究者们确定常用动词的标准、方法以及所得范围也有所差别。

基于这样的状况，并结合我们研究对象的特点和研究目的，对于本书所涉及的22个单音节足部位移不及物动词使用频率的确定，主要依据其在国家语委语料库❶中出现的实际用例数量，并借助《普通话三千常用词表》《现代汉语频率词典》中已有的相关统计数据作为辅证。

为求语料覆盖的全面性，在国家语委语料库中我们采用以动词为关键词的"整词匹配/词类"查询模式❷搜索动词出现的所有用例，然后人工剔除非动词用法等无效例句，最终得到各个动词参与构建的有效用例数量，❸ 如表4.2所示。

---

❶ 之所以选择国家语委语料库而没有采用CCL语料库，主要是基于语料纯度的考虑。为了使语料搜索尽可能全面，我们采用以动词为关键词的普通查询模式进行，然后再人工加以筛选。以动词为关键词的搜索，在国家语委语料库中所得语例较为单纯、封闭，而CCL语料库中相对庞杂，其中多掺杂了非动词性用法的语例，这给人工统计带来一定困难。

❷ 在国家语委语料库中，语料的查询模式共有三种：整词匹配、模糊匹配和全文检索。它们各有特点："整词匹配"：可以配合词类查询，针对性强，不容易出现混杂语料，使用方便；而"模糊匹配"和"全文检索"虽较容易查全，但其中易出现不相关用例。为了避免做重复性工作，我们最终选用了"整词匹配"模式，但为了保证此类方式检索所得语料的全面性，我们对部分词语进行了"模糊查询"和"全文检索"试验，结果证明后两类查询模式所得动词的有效语料在"整词匹配"中均出现，没有遗漏。

❸ 此处的用例包括单音节不及物动词的所有用法，即既有不带宾语的原型用法，也有带宾语的相关用例，但不包括该单音节动词与其他语素组合成为双音节动词的用法，如在统计"跑"时，不包括"奔跑""飞跑"等动词形成的例句。

4 足部位移不及物动词带宾能力差异原因之探讨

表 4.2　22 个单音节足部位移不及物动词在语料库中的全部用例数量

动词	走	跑	跳	爬	退	钻	转	逃	跨	迈	登	蹦	逛	奔(bēn)	溜(liū)	滑	奔(bèn)	穿	越	攀	跃	遛(liù)
用例数量(例)	66559	11783	1019	5587	4423	3357	2294	2270	1188	1162	1146	1119	1117	991	990	664	662	558	546	437	222	116

上表中的数字可以大致反映出各个动词在现代汉语中的使用情况："跑""走""跳""爬"用例最多，均在 500 例以上；"退""钻""转""逃"用例数量较为接近，均在 200 例以上；"跨""迈""登""蹦""逛""奔(bēn)""溜(liū)"，均在 100 例左右；"滑""奔(bèn)""穿"在 50 例以上；而"越""攀""跃""遛(liù)"的用例数量较少。

这些用例数量人工剔除了非足部位移及相关引申义用法以及同形非动词用法，但由于所依托语料库较为单一，为了更为准确地判定这些动词的使用频率，我们又查阅了《普通话三千常用词表》和《现代汉语频率词典》。

《普通话三千常用词表》根据动作的发出部位进行分类，所列与本研究有关的足部动作常用动词为：走、跑、跳、爬、退、钻、转（zhuǎn）、逃、蹦、奔（bèn）、逛、登、攀。《现代汉语频率词典》根据"词次"与"使用度"对现代汉语词汇频率进行统计，"词次"是指在所统计语料内该词出现的次数，"使用度"是综合了词次、类、篇❶三方面因素，按照一定公式计算得出的压缩的词次，从这个数值可以看出该词在语料中的使用程度和散布情况。使用度与词次越接近，则该词的次数分布得越均匀，说明该词使用面更广，否则反之。❷ 与本研究有关的单音节足部位移不及物动词的"使用度"和"词次"情况（见表 4.3）。

表 4.3　22 个单音节足部位移不及物动词的使用度与词次

动词	走	跑	穿	跳	爬	退	钻	逃	转	登	迈	跨	越	奔(bēn)	溜(liū)	跃	滑	攀	蹦	奔(bèn)	逛	遛(liù)
使用度	2248	677	471	340	220	141	126	91	82	70	56	48	37	40	33	28	22	17	17	13	11	5
词次	2899	895	585	445	304	168	161	106	104	88	71	62	48	56	48	41	33	25	28	19	19	8

---

❶　"类"是指语料来源涉及"报刊政论、科普书刊、生活口语、文学作品"四种文体，"篇"则是指四类文体下的具体篇目。

❷　引自《现代汉语频率词典》之"编纂说明"第Ⅳ页。

117

需要说明的是，《现代汉语频率词典》并未就词语的具体义项进行分类统计，这便导致有的词语在包含多个并不密切相关的义项时却做了统一计算，如此难免会使该动词有很高的使用频率。例如"穿"，其更常见的用法应该是"把衣服鞋袜等套在身上"，而与"足部移位"有关的用法相比之下较少；其他如"退（'退还'义）、登（'刊登'义）"等也有类似情况。因此，我们结合国家语委语料库进行了剔除性分析，所得的数据更具有针对性和可信度。

将我们的统计数据与《现代汉语频率词典》相关数据加以比较，不难发现"走""跑""跳""爬""退""钻""转""逃"这几个词的频率排序大致相同，都处于使用频率较高的位置上，它们亦都处于《普通话三千常用词表》常用动词范围之内，这便进一步证明了这些动词的高使用频率。再从高频动词的定义考虑，它们都是与人们生存、生活密切相关的动作行为，当人们表达相关动作行为时在头脑中首先想到的表达形式是该动词而不是其他，比如，表示"两脚交互向前移动"最容易在人们头脑中浮现的动词是"走"而不是"行走""步行"；表示"脚用力向上方移动，而使身体突然离开原来的位置"，人们最容易想到的是"跳"而不是"跳跃""腾空"。至于其他动词，不论从我们的统计数据还是从《现代汉语频率词典》的使用度和词次来看，出现频率都依次降低，但具体数据和词语频率排序上有些差异。例如，我们的统计数据表明"蹦"的使用频率高于"越、跃"，而在《现代汉语频率词典》中则相反。其中的原因，我们认为，或与《现代汉语频率词典》语料选取的时间及文体有关：语料选取时间为20世纪40~70年代，而文体主要涉及"报刊政论""科普书刊""日常口语"和"文学作品"四类。"越""跃"主要出现于第四类"文学作品"中，"使用度/词次"分别为"37/48""28/41"，"口语语料"中"跃"无相关用例，而"越"只出现1次，在另外2种文体中几乎没有出现；而"蹦"据统计数据显示，也主要出现于"文学作品"中，"使用度/词次"为"17/28"，口语中只出现1次，在另外2类文体中未出现。就"越、跃"的统计数据来看，我们认为较贴近实际使用情况，毕竟这两个词语尚保留着较明显的古义特征而具有较强的书面语色彩，因此更适用于文学作品，口语中使用较少；与之相比，"蹦"在文学作品中出现频率低应属于正常现象，因为它本身更具有明显的口语色彩，这仅凭汉语母语者的语感便可以体会出来。由此来看，《现代汉语频率词典》中仅根据它们在书面语中的出现率来确定其使用频率的高低，似乎值得商榷。

国家语委语料库的数据证实了这一点,该语料库语料选取时间为1919～2002年及以后,语料取材中亦有"文学"类,但明确标注了其中"口语"语料的比例有300万字,是仅次于"小说"而位居第二的语料类型,这样的语料选取更贴近现代人的语言使用习惯。经过筛选,得到的"蹦""越""跃"的使用数据,"蹦"明显高于"越""跃",这样的结果更加符合动词的特点和实际使用情况。再如"穿",它是一个多义词,主要表达"把衣服鞋袜等套在身上"和"足部位移"义,而前者显然与人们的日常生活关系更加密切,因而使用率必然高于后者。但《现代汉语频率词典》由于表述这两种意义的"穿"都是动词,而对其频率的统计并未做进一步区分。因此,若去除与"足部位移"义无关的"把衣服鞋袜等套在身上"义,"穿"的使用频率会明显降低。在这些动词中,较为特殊的是"遛",不论我们的统计数据还是在《现代汉语频率词典》中,它的出现率都非常低,均位于表格最后一位,但我们认为并不能因此而认定它为低频动词。理由在于,"遛"毕竟有着较明显的口语色彩,在人们的日常交流中经常出现,而且出现时其后基本带宾语,如"遛早儿""遛鸟""遛弯儿"等。也正是因此,在带宾能力上"遛"反而强于出现频率位于其前的其他低频动词。"蹦""奔(bèn)""逛""迈"与"遛"类似,就使用频率来看,它们在数据统计中的排位虽然都不高,但凭借汉语母语者共有的认知经验,这几个动词在语言使用中较为普通,人们较为熟悉它们的意义以及与其有关的事物之间的事理关系,不论该事物在句法上表现为何种成分,它们与动词之间存在的关系仍容易理解,因而这样的用法也容易流传,如"蹦水沟""蹦嘴里去了""蹦迪斯科";"奔着那屋就去了""奔个好日子";"逛商场""逛大街""逛热闹";"迈方步""迈大步"等。此外,"攀"也具有特殊性,其使用频率的统计数据虽低于与之意义相似的"登",但在带宾能力上却比"登"强:"攀"后可以带"处所""对象""动机"3类宾语,而"登"只能带"处所""结果"2类。这种差异,我们认为与结构的构式化程度有关:"攀"所带"对象"和"动机"宾语,如"攀亲戚""攀大款""攀高枝儿""攀交情"等,多为习语性用例,汉语母语者对构式整体较为熟悉,因而构式使用频率高,这便带动了"攀"使用频率的增加。

至于其他带2类以及1类宾语的单双音节动词,如"越""跃""穿""攀""登"等,就其与"足部位移"有关的意义而言,在日常生活中出现得并不多,因而其用法也不可能有太多变异。即使后面可带"处所""施事"或"时间"

等宾语，但对具体词语的选择也非常有限，如"攀登"经常与"山峰"类词语搭配，而"越"在所带时间宾语上也仅有"越冬""越年"这两种用例，类推能力较差。因此，它们所形成的 S+Vi$_{足部位移}$+O 构式数量相对较少。

总而言之，虽存在例外，但基本可以得到这样的结论：对足部位移不及物动词而言，动词的使用频率影响着其带宾能力。一般而言，高频动词带宾能力强于低频动词，这不仅适用于单音节动词，同样适用于双音节动词。

4.2.3 主观性视角对动词所带宾语性质的影响

以上主要探讨了足部位移不及物动词所带宾语类型数量上存在差异的原因，若着眼于宾语的性质，也会发现其中的差别，从而更为细致地展现出动词在带宾方面的不同。这种不同，与动词的词义特征以及人们的观察角度有关，这种角度我们称之为"主观性视角"。

"主观性视角"必然与"主观性"有关。"主观性"是语言表述中不可或缺的一个部分，这一点自沈家煊（2001）一文发表以来，便引起了国内学者对语言主观性问题的普遍重视。"主观性"的定义主要来自莱昂斯（1977）："'主观性是指语言的这样一种特性，即在话语中多多少少总是含有说话人'自我'的表现成分。也就是说，说话人在说出一段话的同时表明自己对这段话的立场、态度和情感，从而在话语中留下自我的印记。"语言的自我表现印记，通过语言的"主观性"与"主观化"体现，具体为：说话人的视角、说话人的情感、说话人的认识（沈家煊，2001）。

"说话人的视角"也即"主观性视角"，是语言主观性研究的一个方面或一个要素。说话人在观察一个（类）语言现象时自然会选取一定的角度，但这个角度的选择及最终的语言呈现形式，会受到说话人情感、认识、立场、态度、动机等一系列主观因素的影响。"视角"与"情感""认识"等密不可分，正如沈家煊（2001）指出的："其实这三个方面互有交叉和联系，很难截然分开，只是为了叙述方便大致作出了区分。"杨晓宇（2011）也注意到这一点："主观视角和说话人的情感、认识等其他主观性要素并不能截然分开。应该说，主观视角中渗透着说话人的情感、认识等其他主观性因素。也可以将主观视角理解为说话人对话语组织形式的安排和调节，而将说话人的情感、认识等其他主观性要素理解为影响这种调节、安排过程的深层驱动因素。"我们认同上述观点,将"主观性视角"进一步界定为涵盖了认识、情感、态度、立场等主观性因素的观察视角。

就本书所考察的30个足部位移不及物动词而言,它们所带宾语的性质或说具体语义内容的差异,仍与"主观性视角"的凸显作用有关。

作为动词,其显性特征为"时间性",因此相关动作行为的发出或进行必然占据一定的时间;同时作为"足部位移"动词,动作行为的进行必然需要依托一定的处所,无此难以想象动作行为何以完成;每一个动作行为的发出或进行也必然涉及一个"施动者",即语义上的"施事"角色,否则便成了"无源之水"。如此看来,每一个足部位移不及物动词的语义框架中都应包含着以上三种元素,理论上它们也应该是稳固地存储于语言使用者的大脑中,并在一定条件下更容易激活而得到凸显的成分。然而,事实并非如此。通过对语料的考察发现,"处所"和"施事"成分在30个动词带宾构式中出现的频率均较高,"时间"反而低。"时间"得到凸显的动词仅有"走(走过了22个春秋)""蹦(蹦日子)""遛(遛早儿)""越(越冬)"几个,而且每个动词下的具体用例也并不多。这说明与动词密切相关的因素,反倒会因为其常规性而更容易被人们忽视。若无特殊情况,说话人一般不会对其施加关注,也即它们不容易进入说话人的"主观性视角"中。以上几个动词所联系的"时间"成分得到凸显,则是因为在说话人看来,这些因素与动词的关联具有特殊性,要么因为时间的非寻常性表达了说话人对动作行为事件的主观评价,如"走过了22个春秋""蹦日子";要么是强调某个特定时间对相关动作行为有特殊性影响,如"遛早儿(晚)""越冬"。总之,只有当"时间"对动作行为或相关事件有特殊意义时,才值得关注。这种主观性选择决定了与"时间"有关的足部位移不及物动词带宾构式在汉语中出现的低频性特点。

在这30个动词中,除了"倒退""后退""前进"不可带"处所"宾语外,其他都可以,"处所"是诸多宾语类型中出现频率最高的一个。作为足部位移动词,动作的进行必然需要"依附场所",否则位移事件难以完成。但相较于"动作行为的发出者"也即"施事"而言,"处所"虽重要但不是认知上的显著元素,因此在动词的语义框架中属于背景成员,在常规的句法表现上往往与介词搭配形成介宾结构做动词的修饰语。但是这样的背景元素一旦具有了某些特异性或准确地说是在说话人看来具有了某些"特异性"时,反而更容易引起注意而进入说话人的"主观性视角",从而受到关注而得到凸显;在句法表达上，则在焦点化和经济性原则的共同作用下，由附加成分实现为核心宾语成分，形成"S + Vi$_{足部位移}$ + O$_{典型处所}$"构式。该构式一旦形成，便很容易以其自身的优势不断吸纳其他非典型处所成分进入，由此丰富了与"处所义"有关的"S + Vi$_{足部位移}$ + O"构式。至于"倒退""后退""前进"不带处所宾语，其原因可能与这三个动词在S + Vi$_{足部位移}$ + O构式中凸显的不再是"足部位移"义有关：它们带宾语的用法主要为"倒退/后退了几个名次""前进了21名"等，宾语表示"地位的变化"，构式义强调的是"结果"。宾语义和构式义的抽象化都导致了动词义的虚化，即不再是与实际位移有关的具体动作，而只是与变化有关的抽象行为，这样的意义使它们对"处所"的依赖性也越来越低。

"施事宾语"在构式中的出现率低于"处所宾语"。理论上讲，从与动词联系的紧密度以及认知凸显度上考虑，"施事"应高于"处所"，因为动作的发出必然需要"施事"的参与。正是由于这种"必需性"以及语言相似性原则，主语位置上的"施事"成分难以焦点化为宾语。然而，实际的语料统计与我们的理论推测有差异，在足部位移不及物动词带宾构式中，"施事"类宾语占据了很高的比例，约有50%的动词可以带此类宾语形成S + Vi$_{足部位移}$ + O构式。这说明，即使是理论上最难宾语化的成员，只要观察者的主观视角聚焦其上，它们也会产生相应的调变，如典型存现构式"路上走着一群人""动物园里跑了一只老虎""树上爬着一些毛毛虫"等。当说话人认为"一群人""老虎""毛毛虫"作出的某些动作行为能够带来新的信息而值得报道时，便会对其加以关注，使之凸显而位于宾语位置。当然，"施事宾语"所占比例较高还与将某些无生成分看作"施事"有关，如"公路上跑着一辆辆小汽车"等。与有生施事相比，这样的宾语所指"自主性"有所减弱，但与无自主性的其他成分相比，却又具有一定的"自主性"——只要给予某些外力，它们便可以自动进行相关动作行为，因而可以看作是广义的"施事"。这些宾语所指的独特性更容易引起人们的注意，由它们形成的构式在表达特殊构式义的同时，宾语自身的特点也得到了凸显。

不带"施事宾语"的动词，主要有"遛（liù）""逛""奔（bēn）""攀""登""转""跨""奔（bèn）""越"。"遛（liù）""逛"口语化色彩强，在口语中的使用频率高于其他词语，但是它们都带有"闲适"的特点，由此决定了与其搭配的词语的特点——必然是能够达到"闲适"目的的成分。而

"闲适"本身又是一种"目的",因此与此特征相关的"处所"和"目的"成分更容易进入说话人的主观性视角而得到凸显,也即,"处所"和"目的"对于此类动词而言比"施事"更有值得报道的信息价值。而"攀""登""奔(bēn)""跨""越"则具有较强的书面语色彩,其词义中包含有"需要付出较多努力才能完成动作行为"的语义特征,使得"艰辛努力"所及之对象以及产生的影响比动作的发出者更容易受到关注,因此有"攀高峰""攀关系""登金榜""跨障碍""越秦岭"等构式;而"奔(bèn)"的词义中本身便蕴含着动作行为所及之对象及动作行为的目的,较之"施事","对象"与"目的"更能凸显"奔(bèn)"的独特性,故此二者更容易被关注。

总而言之,一个动词往往关联着一个场景,然而在具体语言中对场景的描述又不可能面面俱到,因此总有某些部分被凸显而另一些部分被遮蔽,哪些得到凸显哪些被遮蔽固然与动词词义的特性有关,最终的决定因素还是在于说话人是否愿意对其施加注意,也即将其纳入"主观性视角"。

总体来看,这些动词所带宾语性质上存在差异的原因主要为:对高频动词而言,由于其所表述的是与人类生存、生活密切相关的动作行为,其常用性易于导致语义磨损,而表达一种较为宽泛的意义。这样的动词所含的语义特性较少,反而使其语义框架中蕴含的元素相对较多。当说话人认为其中的某些元素具有独特性而值得作为新信息报道时,便将它们纳入自己的"主观性视角",这种主观侧重决定了动词相关元素的凸显,进而影响子类构式的形成。相较而言,使用率低的动词往往包含了更多的语义规定性,这些语义特性使其框架中所能容纳的元素也受到相应限制;再加之说话人的主观选择,能够进入"主观性视角"的成分相对减少,由此制约了 $S+Vi_{足部位移}+O$ 构式的子类类型及数量。

综合前文分析可见,进入足部位移不及物动词带宾构式的每个动词在拥有共性特征的同时亦有自己的特性,构式网络的建构恰恰基于这种个性而成。然而,具体到每个动词对构式的贡献,其词义的独特性发挥着不可忽视的作用,这种独特性决定了动词语义框架中包含的参与者与背景元素的范围,进而影响了动词为构式提供论元可选成分的可能性。当然,这种可能性能否在语言线性序列的符号表征中得到实现,最终要归结于说话人的主观性。也就是说,在说话人看来,动词框架中的元素只要有其独特性,值得作为新信息予以报道,便会将之纳入自己的主观性视角,使其成为表义的重心所在,即使相应元素是那些在常规场景中通常因人们较为熟悉而被忽略或认为不重要的元素；反之，若元素不具独特性，不值得关注，即使很重要，说话人也不愿意倾注更多的认知注意使其得到凸显，那么它们便不会在句法上实现为宾语。所以，"主观性视角"对于动词与具体宾语类型的匹配发挥着非常重要的作用。

4.3 本章小结

本章从微观层面对足部位移不及物动词带宾语情况进行了考察，通过分析语料归纳各足部位移不及物动词带宾语的具体情况，描述它们所带宾语的语义类型及数量，呈现各动词带宾能力的差异。在此基础上，着力挖掘动词带宾能力存在差异的原因。一方面，探索每个动词所带宾语类型、数量上存有差别的原因。这与动词音节数的差异以及音节数背后隐含的动词所具有的特定语义属性以及动词使用频率的高低密切相关。另一方面，探讨每个动词所带宾语性质上有所不同的原因。对宾语语义性质的选择，取决于说话人的"主观性视角"。即在说话人看来，动词语义框架中蕴含的元素具有独特性，值得作为新信息进行报道，便会将其纳入自己的观察视角，使之成为表义重心；反之，则不予关注，从而影响这些语义成分在句法上的实现。不过，需要说明的是，"主观性视角"的主观性因人而异，因此动词语义框架成分哪些是必然凸显的，哪些是必然不凸显的，或者哪些是介于二者之间的，并不容易做"一刀切"的判断及解释。在此，只是尝试性地提出认识这一问题的角度，至于背后的深层原因，还需进一步挖掘。

5 结 语

5.1 本书的主要内容

本书以"足部位移"类不及物动词为切入点,基于构式语法理论对该类动词后带宾语情况进行了研究。所做的主要工作有如下几项。

1. 确定"足部位移"类不及物动词的范围

紧扣"足部位移"义与"不及物动词"两点,借助相关工具书,最终确定30个符合本研究要求的不及物动词,并根据它们位移的方向性将其分为两类:(1)水平方向类:跑、走、遛(liù)、迈、爬、奔(bèn)、逛、退、逃、滑、钻、转、溜(liū)、跨、奔(bēn)、穿、越、奔走、奔跑、逃走、逃跑、倒退、后退、前进;(2)垂直方向类:跳、蹦、攀、登、跃、攀登。

动词范围的确定是本研究得以进行的第一步,为后续工作奠定了基础。

2. 在大量语料考察的基础上对足部位移不及物动词带宾结构的句法语义特征进行描写

以北京大学现代汉语语料库、国家语委现代汉语语料库以及人民网等网络资源为依托,对30个动词后带宾语的用例进行广泛搜索,借助足量的用例对该结构的句法语义特点进行分析描写,以做到观察和描写的充分性。考察发现,足部位移不及物动词带宾结构前往往联系着一个相关部分,因此,以动词为中心,该结构的构成可以进一步划分为动词前、动词及动词后三个部分。其中,动词前和动词后部分的构成以体词性成分为主。以往研究对这些体词性成分句法身份的认定有所争议，因此我们进行了重新考察，所得结论为：动词前体词性成分，根据它们与句中主要动词在语义上的选择限制关系，以及在形式上是否位于句首及是否带介词，可分为主语和话题两类，即强事物性词语、机构性词语和强处所性词语是主语，而表时间的词语及谓词性词语是话题。动词后名词性成分，从结构与意义两个角度考虑，按照传统认识，仍分析为宾语。足部位移不及物动词本身，借助菲尔墨的框架语义学理论并考察动词带宾语的出现频率以及它们所带宾语的类型与典型及物动词带宾语的差异，论证了本书考察的这 30 个足部位移动词的不及物性。"走、跑、跳、蹦、遛（liù）、爬、滑、逛、退、逃、转、溜（liū）、奔（bēn）、迈、跃、逃走、逃跑、倒退、后退、前进、奔走、奔跑"这些动词，根据框架语义学的要义，它们在语义上无须涉及他物，反映到句法形式上即无须带宾语，便可以使结构表义自足，因而其不及物性相对容易确定；"钻、跨、穿、越、攀、登、攀登、奔（bèn）"略有不同，其中，"钻、跨、穿、越、攀、登、攀登"这几个动词后面往往会有一个"处所"成分与之共现，但是根据传统的看法，"处所宾语"不是典型宾语、这样的动词在句法上能够受较少限制地进入 $S_{主体} + Vi_{p(时体、语气等成分)}$ 框架以及由后两者推导出来的 Vi 范畴的家族相似性，仍将它们归为不及物动词；"奔（bèn）"又有一定的特殊性，它除了经常带"处所"成分外，还多与表示"动作行为指向对象"的词语共现。由于"处所"以及"动作行为指向对象"都是非典型宾语，所以仍将"奔（bèn）"视为不及物动词。同时，通过对这 30 个动词带宾频率与不带宾频率的统计比较发现，前者的比例远低于后者，可见这些动词仍以不及物用法为主；最后，通过与典型及物动词带宾语类型的多样化及自由度的比较，发现足部位移不及物动词尽管可以后带宾语，但多数所带宾语类型受限，亦可见它们与典型及物动词有着显著不同。

此外，我们还就该结构的句法功能进行了考察，结果显示它们可以充当多种句法成分，其中以作谓语为主。当该结构作谓语时，用法较为灵活，若进一步结合其前所联系的 A 部分以及其后所带宾语的语义性质综合衡量，可以看到由该结构形成的句子构式及其表义的复杂性。这对足部位移不及物动词带宾构式的家族类聚及承继联接关系的研究有一定影响。

关于足部位移不及物动词带宾结构的语义特点，主要围绕不及物动词的原型性特征及原型范畴与多义性的关系等进行了考察。根据认知语言学"原型范畴"理论，现代汉语中的不及物动词也是一个"原型范畴"，其中有典型成员与非典型成员之分：那些在任何情况下都不能带宾语的动词，完全符合不及物动词的典型特征，它们是范畴中的典型成员；而本书所考察的这些足部位移不及物动词由于其后能带非受事性宾语，逐渐偏离了典型不及物动词的特点，而属于范畴中的非典型成员。此外，这30个动词中有很多属于词典中标注的"多义词"，但我们认为这种"多义性"并非为动词本身所有，而与其所在的结构整体，也即"构式"密切相关。因此，与其说是动词多义不如说是构式多义。同样，对不及物动词后宾语语义性质的确定也离不开其所在的结构体，而且结构体的凝固性越强，对宾语语义性质的规约力越大。这亦是基于构式整体观的宾语语义性质的确定原则。

3. 以戈德伯格为代表的构式语法为理论依据，对足部位移不及物动词带宾结构进行构式解读

（1）该结构构式身份的判定。戈德伯格（1995、2006）对构式的定义为判定一个语言表达式是否为构式的重要依据，这种依据可简单概括为"不可完全预测性"与"高使用频率"。据此对足部位移不及物动词带宾结构进行检验，发现该结构首先具备形式上的不可完全预测性，即作为不及物动词其后却能带宾语，这样的组配形式不能从不及物动词的典型句法结构推知；在意义上，伴随动词和宾语等组配的变化，结构整体表义逐渐不能从各组成成分字面义的加合中得到预测，而越来越具有了独特的语义内涵；在话语功能上，对宾语成分的强调使其承载了焦点性凸显的语用功能，而不同于与其有变换关系的相关结构，从而也证明了构式语法所主张的句法形式"无同义原则"。由此来看，足部位移不及物动词带宾结构所具有的句法形式的非规则化、结构表义的不可完全预测性以及语用功能上的特殊作用使其符合构式判定的依据，故将该结构看作构式有充分理据。

施春宏（2013）在认同"不可完全预测性"（也即构式的"浮现性"）的同时，进一步思考了如何分析这种"浮现性"或说构式所具有的"构式性"问题，提出了"形义关系透明度"的考察指标。以此为据，我们对足部位移不及物动词带宾构式的构式性进行了进一步剖析，以更深入地揭示该结构作为构式的理据所在；同时，在对构式语义以及形义关系透明度的考察中发现，伴随构式形义关系透明度逐渐降低，构式所具有的构式性越发凸显，也即构式越来越具有典型性。由此，在共时层面上呈现出由非典型构式到典型构式的构式化过程，体现了该构式在共时层面上所具有的"动态浮现

性"特征。

（2）构式语法理论关注构式与组成成分间的互动，尤其是动词与构式的互动。戈德伯格（1995）辟专章对此进行了阐述，并重点讨论了动词的参与者角色与构式的论元角色在"语义一致原则"和"对应原则"双重制约下具体的熔合过程，这种讨论深化了我们对构式与动词间关系的认识。虽意在"互动"，但在具体论证过程中，戈德伯格过于强调了构式的制约作用，而动词对构式所具有的影响未给予应有的重视，因此在互动关系研究上尚有缺憾。基于此，我们借助足部位移不及物动词带宾构式，对动词与构式的互动关系做进一步研究，重点分析动词对构式的贡献。研究发现，在足部位移不及物动词带宾构式中，动词所联系的语义框架中的元素为构式论元的实现提供了前提条件。动词语义框架中包含哪些元素与动词的语义特点密切相关，然而哪些元素在句法层面上能够得到实现又取决于"透视域"的选择。这种选择能够使通常处于非显著域的背景元素得到凸显，而成为语义表达的重心所在，并在焦点化和经济原则促动下，占据焦点位置，实现为句法上的宾语，从而促成足部位移不及物动词带宾构式的产生。此外，得到凸显的背景元素总体而言仍是一个个抽象概括的类，具体到构式论元的实现，哪些成员可以进入该构式充当宾语又与动词的语义特点及其所代表的事件类型有关，它们制约了具体成分在宾语位置上的实现，动词对宾语成分的这种选择过滤作用亦体现了动词对构式的影响所在。当然，构式一旦形成并在语言中广泛使用，它们便会以其强大的力量反过来对组成成分产生制约性影响。对足部位移不及物动词带宾构式而言，这种制约性主要表现为动词所表事件类型必须与构式事件类型一致，构式对进入其中的动词的句法语义结构以及动词意义有着强制性的调变作用，使动词能够实现论元增容以及意义的渐趋抽象化；至于宾语，则会在构式义抽象化事件表征特点的压制下，使其语义属性具有抽象化或类指化倾向。

（3）构式语法理论认为语言中的构式并不是一个无序的集合，通过研究可以发现跨构式的系统概括，这种概括又可以借助构式间由承继联接而形成的网络系统加以表述。就足部位移不及物动词带宾构式而言，它不是一个孤立的抽象性存在，其下包含着多个子类构式，这些子类构式在句法形式上共享"S + Vi$_{足部位移}$ + O"特征，在语用上均具有焦点化功能，使说话者表达的重点得到凸显；在语义上，各子类构式的意义与图式性构式保持密切关联的同时又各有侧重。这些同与异的存在，使得这些子类构式看上去似一个"家族"，聚合在一起

· 128 ·

形成了该构式的家族类聚,而"承继联接"则是联系这个"家族"的主要途径。在足部位移不及物动词原型构式"S$_{主体}$ + Vi$_{足部位移(时体成分、句末语气词等)}$"的基础上,受语言表述精细化需求的驱动产生了描述相关细节的引申构式"S$_{主体}$ + M + Vi$_{(时体成分、句末语气词等)}$",它对足部位移不及物动词带宾构式的产生有着重要影响。由于语言表达的多样性以及语用动机的需要,当原型引申构式中承担细节描述部分的 M 得到强调而凸显时,便容易在焦点化作用下形成"S + Vi$_{足部位移}$ + M"构式;而当 M 被不同元素例示并与各具体动词搭配时,又进一步形成了各种子类构式,它们详述了图式性构式"S + Vi$_{足部位移}$ + O"的丰富语义内涵,与其构成了图式—例示关系。当然,也有一部分子类构式以及子类构式内部的次类构式之间存在着隐喻扩展联接、多义联接等承继关系,使得这些子类及次子类构式通过纵向的辐射型关联与横向的链式引申相互交织,共同构建了足部位移不及物动词带宾构式的复杂承继网络系统。

4. 分析每个足部位移不及物动词的带宾能力及带宾能力有所差异的原因,凸显动词个性

依托语料库逐一考察本研究所涉及的 30 个足部位移不及物动词带宾语的具体情况,列为表格,清晰呈现每个动词携带宾语的语义类型及类型数量。在此基础上,探讨动词带宾能力存在差异的原因,就动词所带宾语类型数量而言,动词单双音节数目以及数目背后隐含的动词的特殊语义属性是其重要动因:与双音节动词相比,单音节动词包含了更少的语义规定性,因而在宾语的选择上有相对较少的限制;而单独就单音节或双音节动词内部来看,动词使用频率的高低又进一步影响了同音节数动词对宾语的选择能力。故在动词带宾能力差异上,总体性倾向为:单音节动词的带宾能力强于双音节动词,高使用频率动词的带宾能力强于低使用频率动词。

至于每个动词后所带宾语语义性质有所不同,则与动词的语义框架以及说话人的主观性视角有关。动词语义框架中的某些元素在说话人看来具有独特性,值得作为新信息进行报道时,说话人便愿意将其纳入自己的观察视角,使之成为表义重心;反之,说话人则不愿意倾注更多的认知注意将其凸显。如此便影响了动词对不同语义性质宾语的选择,进而影响了它们在句法上得到表征的可能性。

5.2　有待进一步研究的问题

本研究中尚有一些相关问题值得做进一步探讨。

现代汉语中与"足部位移"义有关的动词有很多，本书主要以《同义词词林》《动词用法词典》中列出的相关动词为参考进行了筛选，未对收词更为广泛的《现代汉语词典》进行全面统计。虽然本研究人工剔除了书面语色彩较强以及使用频率较低的足部位移类不及物动词，而且根据语料搜索结果以及构式角度的分析可知这样的动词往往不能带宾语，但难免会有其他符合本研究要求的动词未被纳入考察视野。因此，日后研究中动词选取方面尚可扩大范围，力求更为全面地揭示足部位移不及物动词带宾构式的特点。

沈家煊（1998）从"语用法的语法化"角度指出："不少语法现象是语用法'凝固化'的结果。这些现象原来是语言使用中一些带有倾向性的原则，也即语用法，但当它们被广泛、反复使用时，便逐渐固定下来，约定俗成，而变成了语法规则，这便是'语用法的语法化'过程"。从语用法的语法化角度解释语法，能够将语言现象的共时研究与历时考察很好地结合起来，从而加深我们对语言作为一个系统的深入认识。就足部位移不及物动词带宾构式而言，我们推测该构式的形成也经历了这样一个过程，即在构式出现之初此类用法相对较少，当人们逐渐意识到构式的独特性时，对其有所青睐，而不断扩大其使用范围，进而促动使用频率不断提高；伴随使用的高频性，此类构式的用法逐渐成为一种规则存储于语言使用者的大脑中，完成"语用法的语法化"过程。这种推测需要结合更为翔实的语料，基于历时视角考察这些不及物动词带宾结构的嬗变过程，这亦是日后研究可以着力之处。

足部位移动作作为一种与人类生活联系紧密的动作行为，在各种语言中应均有相应的表达方式，因此若能从类型学视角出发，考察本书所研究的这30个动词在世界其他语言中是否也如同汉语这样用动词来表征足部位移动作行为，这些动词是否也为不及物动词，其后是否可以带宾语，所带宾语与汉语又有何异同等问题，相信能够在跨语言的比较中更加深入地挖掘该构式的独特个性，也可能会有更多的理论发现。这也是今后可以深入探究的问题，虽然难度较大。

5 结 语

语言本体研究的成果应该能够很好地应用于国际中文教育。足部位移不及物动词带宾构式经历了一个由非典型构式到典型构式的构式化过程，在这个过程中，非典型构式往往能够从组成成分字面义的加合中推知，而典型构式由于形式和意义的强凝固性，对其意义的理解需要借助更多的认知经验或书本知识。因此，从理论上推断，非母语汉语学习者在习得此类构式时，对典型构式的掌握可能难于非典型构式；同时，不同母语背景的汉语学习者对各子类构式的习得情况可能有所异同，而具体表现有哪些，构式特征凸显与否是否影响汉语学习者对其掌握，面对这样的构式及习得中呈现的问题，教师应如何恰当地运用构式语法理论，将本体研究成果有效地转化为教学资源，帮助学生解决习得之难题，都亟须在国际中文教育实践中摸索，从而探求构式语法理论在教学实践中的可行性途径。

参考文献

[1] 北京大学中文系现代汉语教研室. 现代汉语（增订本）[M]. 北京：商务印书馆，2012：314.

[2] 北京语言学院语言教学研究所. 现代汉语频率词典［M］. 北京：北京语言学院出版社，1986：Ⅳ.

[3] 曹伯韩. 主语宾语问题随感［M］//汉语的主语宾语问题. 北京：中华书局，1956：193-194.

[4] 曹逢甫. 主题在汉语中的功能研究：迈向语段分析的第一步［M］. 北京：语文出版社，1995：20-36，38-39.

[5] 陈平. 释汉语中与名词性成分相关的四组概念［J］. 中国语文，1987（2）：81-93.

[6] 陈昌来. 汉语处所价语的初步考察［J］. 语言教学与研究，1997（3）：130-139.

[7] 陈昌来. 论现代汉语的致使结构［J］. 井冈山师范学院学报（哲学社会科学），2001（3）：28-33.

[8] 陈昌来. 现代汉语不及物动词的配价考察［J］. 语言研究，1998（2）：38-47.

[9] 陈昌来. 现代汉语动词的句法语义属性研究［M］. 上海：学林出版社，2002.

[10] 陈建民. 现代汉语句型论［M］. 北京：语文出版社，1986：54-115.

[11] 陈庭珍. 汉语中处所词做主语的存在句［J］. 中国语文，1957（8）：15-19.

[12] 陈小明. 方式宾语初探［J］. 天津师范大学学报，1995（2）：76-80.

[13] 储泽祥. 处所角色宾语的判定及其典型性问题［J］. 语言教学与研究，2004（6）：43-48.

[14] 储泽祥. 动词的空间适应性情况考察［J］. 中国语文，1998（4）：253-261.

[15] 戴瑞亮. 语义研究中的原型范畴理论［J］. 中国石油大学学报（社会科学版），2009（6）：95-100.

[16] 邓云华，石毓智. 论构式语法理论的进步与局限［J］. 外语教学与研究（外国语文双月刊），2007（5）：323-330.

[17] 杜嘉雯. 现代汉语足部动词的语义特征［J］. 语文学刊，2010（6）：25-27.

[18] 段晓平. 及物动词范围扩大探因——从为"人民服务"谈起 [J]. 汉语学习, 1997 (4): 54-56.

[19] 范晓. 动词的"价"分类 [M] //语法研究和探索（五）. 北京: 北京大学出版社, 1991b: 150.

[20] 范晓. 汉语的句子类型 [M]. 太原: 书海出版社, 1998.

[21] 范晓. 汉语句法结构中的主语 [M] //语言研究的新思路. 上海: 上海教育出版社, 1998: 81-84.

[22] 范晓. 及物动词和不及物动词的区分和再分类 [J]. 中国语言学报, 1991a (4): 24-36.

[23] 范晓. 三个平面的语法观 [M]. 北京: 北京语言文化大学出版社, 1996.

[24] 范晓. 试论语义结构中的主事 [M] //中国语言文学的现代思考. 上海: 复旦大学出版社, 1991b: 395-408.

[25] 范晓. 说语义成分 [J]. 汉语学习, 2003 (1): 1-9.

[26] 冯凭. 试论现代汉语及物动词与不及物动词的区分 [J]. 延边大学学报（社会科学版）, 1982 (1): 94-96.

[27] 冯志伟. 从格语法到框架网络 [J]. 解放军外国语学院学报, 2006 (3): 1-9.

[28] 付岩. 英汉中动构式的句法语义对比研究 [D]. 上海: 复旦大学博士学位论文, 2012: 21.

[29] 高名凯. 从语法与逻辑的关系说到主语宾语 [M] //汉语的主语宾语问题. 北京: 中华书局, 1956: 181-191.

[30] 高名凯. 汉语语法论 [M]. 北京: 商务印书馆, 1948 [1986]: 213-214.

[31] 顾鸣镝. 关于构式承继及其理据的可探究性研究 [J]. 北京交通大学学报（社会科学版）, 2012 (2): 131-136.

[32] 顾鸣镝. 汉语构式承继关系及其认知功能研究 [D]. 上海: 上海师范大学博士学位论文, 2013: 1-202.

[33] 郭熙. "放到桌子上""放在桌子上""放桌子上" [J]. 中国语文, 1986 (1): 20-23.

[34] 郭霞. 现代汉语动趋构式的句法语义研究: 认知构式语法视野 [M]. 成都: 四川大学出版社, 2013: 1-332.

[35] 郭继懋. 领主属宾句 [J]. 中国语文, 1990 (1): 24-29.

[36] 郭继懋. 试谈"飞上海"等不及物动词带宾语现象 [J]. 中国语文, 1999 (5): 337-346.

[37] 郭继懋. 用统计方法从语义平面看及物动词与不及物动词的区别 [M] //南开大学中文系编. 语言研究论丛（第8辑）. 天津: 南开大学出版社, 1999: 88.

[38] 贺阳. 汉语完句成分试探 [J]. 语言教学与研究, 1994 (4): 26-38.

[39] 洪心衡. 空间词作主语的问题 [M] //汉语的主语宾语问题. 北京: 中华书局, 1956: 150-154.

[40] 胡附, 文炼. 动词及物与不及物的区分 [M] //现代汉语语法探索. 北京: 商务印书馆, 1955 [1990]: 93.

[41] 胡建华. 现代汉语不及物动词的论元和宾语——从抽象动词"有"到句法—信息结构接口 [J]. 中国语文, 2008 (5): 396-409.

[42] 胡裕树, 范晓. 试论语法研究的三个平面 [J]. 新疆师范大学学报（哲学社会科学版）, 1985 (2): 7-15.

[43] 胡裕树, 范晓. 及物动词与不及物动词研究综述 [M] //动词研究综述. 太原: 山西高校联合出版社, 1996: 123-133.

[44] 胡裕树. 现代汉语 [M]. 上海: 上海教育出版社, 1981: 328.

[45] 黄洁. 动宾非常规搭配的转喻和隐喻透视 [J]. 同济大学学报（社会科学版）, 2009 (1): 85-90.

[46] 黄伯荣, 廖序东. 现代汉语（增订三版）[M]. 北京: 高等教育出版社, 2002: 83-84.

[47] 黄盛璋. 论汉语动词分内外动的问题 [J]. 语文教学（华东）, 1958 (8): 30-32.

[48] 黄月华, 左双菊. 原型范畴与家族相似性范畴——兼谈原型理论在认知语言学中引发的争议 [J]. 语文研究, 2009 (3): 27-31.

[49] 金平. 不及物动词带与事宾语句探究 [J]. 现代语文（语言研究版）, 2010 (2): 38-40.

[50] 亢世勇. 现代汉语谓宾动词分类统计研究 [J]. 辽宁师范大学学报（社科版）, 1998 (1): 37-40.

[51] 匡芳涛, 曹笃鑫. 同源宾语构式的构式压制与词汇压制阐释 [J]. 山东外语教学, 2013 (3): 22-28.

[52] 匡腊英. 不及物动词带宾语现象初探 [J]. 娄底师专学报, 2004 (3): 96-99.

[53] 黎锦熙. 新著国语文法 [M]. 北京: 商务印书馆, 1924 [2000]: 95.

[54] 黎锦熙. 主宾小集（下）[J]. 语文学习, 1955 (12): 36-40.

[55] 李华勇. Vi + NP 构式的认知分析——以去范畴化理论为指导 [J]. 重庆交通大学学报（社会科学版）, 2012 (5): 127-130.

[56] 李杰. 不及物动词带主事宾语句研究 [D]. 上海: 复旦大学博士学位论文, 2004: 10, 100, 6, 89-92.

[57] 李金兰. 现代汉语身体动词的认知研究 [D]. 上海: 华东师范大学博士学位论文, 2006: 1-145.

[58] 李临定. 宾语使用情况考察 [J]. 语文研究, 1983 (2): 31-38.

[59] 李临定. 现代汉语动词 [M]. 北京: 中国社会科学出版社, 1990: 122-132.

[60] 李人鉴. 宾语这个术语不能取消 [M] // 汉语的主宾语问题. 北京: 中华书局, 1956: 201-203.

[61] 李宇明. 论词语重叠的意义 [J]. 世界汉语教学, 1996 (1): 11-20.

[62] 林杏光等. 现代汉语动词大词典 [M]. 北京: 北京语言学院出版社, 1994.

[63] 刘琦. 汉语单宾语构式承继网络探究 [D]. 杭州: 浙江大学博士学位论文, 2013: 131-135.

[64] 刘丹青. 构式的透明度和句法学地位: 流行构式个案二则 [M] // 东方语言学 (第七辑). 上海: 上海教育出版社, 2010: 1-14.

[65] 刘丹青. 粤语句法的类型学特点 [J]. 亚太语文教育学报, 2001 (2): 1-20.

[66] 刘探宙. 一元非作格动词带宾语现象 [J]. 中国语文, 2009 (2): 110-119.

[67] 刘晓林. 也谈不及物动词带宾语的问题 [J]. 外国语 (上海外国语大学学报), 2004 (1): 33-39.

[68] 刘玉梅. Goldberg 认知构式语法的基本观点——反思和前瞻 [J]. 现代外语, 2012 (2): 202-209.

[69] 刘月华等. 实用现代汉语语法 [M]. 北京: 商务印书馆, 2001.

[70] 刘正光, 刘润清. Vi+NP 的非范畴化解释 [J]. 外语教学与研究, 2003 (4): 243-250.

[71] 刘智伟. 含同一语素的同义单双音节动词语体色彩对比研究 [J]. 语言文字应用, 2007 (2): 96-104.

[72] 龙国富. "越来越……" 构式的语法化——从语法化的视角看语法构式的显现 [J]. 中国语文, 2013 (1): 25-34.

[73] 鲁川, 林杏光. 现代汉语语法的格关系 [J]. 汉语学习, 1989 (5): 11-15.

[74] 鲁川. 动词大词典 [M]. 北京: 中国物资出版社, 1994.

[75] 陆俭明. 构式语法理论的价值与局限 [J]. 南京师范大学文学院学报, 2008 (1): 142-151.

[76] 陆俭明. 现代汉语不及物动词之管见 [M] // 语法研究和探索 (五). 北京: 语文出版社, 1991: 87.

[77] 陆志韦. 北京话单音词词汇 [M]. 北京: 人民出版社, 1951: 31-33.

[78] 吕建军. "王冕死了父亲" 的构式归属——兼议汉语存现构式的范畴化 [J]. 语言教学与研究, 2013 (5): 75-83.

[79] 吕叔湘, 朱德熙. 语法修辞讲话 [M]. 北京: 中国青年出版社, 1952: 14.

[80] 吕叔湘. 汉语语法分析问题 [M]. 北京: 商务印书馆, 1979 [2005]: 62-63.

[81] 吕叔湘. 现代汉语八百词 [M]. 北京：商务印书馆，1980：31.
[82] 吕叔湘. 现代汉语单双音节问题初探 [M] //汉语语法论文集. 北京：商务印书馆，1984：415-444.
[83] 吕叔湘. 中国文法要略 [M]. 北京：商务印书馆，1942 [2014]：55-56，403.
[84] 吕为光. 现代汉语准及物动词研究 [D]. 大连：辽宁师范大学硕士学位论文，2008：1-38.
[85] 马建忠. 马氏文通 [M]. 北京：商务印书馆，1898 [2007]：21，144-145.
[86] 梅家驹等. 同义词词林 [M]. 上海：上海辞书出版社，1983：222-223.
[87] 孟琮等. 动词用法词典 [M]. 北京：商务印书馆，1999：7-11.
[88] 孟丽. 现代汉语腿部动词研究 [D]. 桂林：广西师范大学硕士学位论文，2008：1-74.
[89] 孟庆海. 动词+处所宾语 [J]. 中国语文，1986 (4)：261-266.
[90] 牛保义. 构式语法理论研究 [M]. 上海：上海外语教育出版社，2011：89.
[91] 潘汆. 谈内动词和外动词的划分 [J]. 语文教学（华东），1958 (12)：36-37.
[92] 齐沪扬. 现代汉语空间问题研究 [M]. 上海：学林出版社，1998：13-21.
[93] 任鹰. "吃食堂"与语法转喻 [J]. 中国社会科学院研究生院学报，2000 (3)：59-67.
[94] 任鹰. 动词词义在结构中的游移与实现——兼议动宾结构的语义关系问题 [J]. 中国语文，2007 (5)：419-430.
[95] 任鹰. 主宾可换位供用句语义条件分析 [J]. 汉语学习，1999 (3)：1-6.
[96] 任铭善. 主语宾语是怎样的问题 [M] //汉语的主语宾语问题. 北京：中华书局，1956：227.
[97] 任鹰. 现代汉语非受事宾语句研究 [M]. 北京：社会科学文献出版社，2005：96，248，97-98，207，251.
[98] 沈阳. 领属范畴及领属性名词短语的句法作用 [J]. 北京大学学报（哲学社会科学版），1995 (5)：85-92.
[99] 沈家煊. 不对称和标记理论 [M]. 南昌：江西教育出版社，1999：218-219.
[100] 沈家煊. 句式和配价 [J]. 中国语文，2000 (4)：291-297.
[101] 沈家煊. 语言的"主观性"和"主观化" [J]. 外语教学与研究（外国语文双月刊），2001 (4)：268-275.
[102] 沈家煊. 语用法的语法化 [J]. 福建外语，1998 (2)：1-14.
[103] 沈家煊. 转喻和转指 [J]. 当代语言学，1999 (1)：3-15.
[104] 施春宏. 汉语动结式的句法语义研究 [M]. 北京：北京语言大学出版社，2008：31-360.

[105] 施春宏. 句式分析的构式观及相关理论问题［J］. 汉语学报, 2013（2）：23-38.

[106] 石毓智. 结构与意义的匹配类型［J］. 解放军外国语学院学报, 2007（5）：1-6.

[107] 史有为. 处所宾语初步考察［M］//中国语学论文文集：大河内康宪教授退官纪念. 北京：东方书店, 1997：81-105.

[108] 陈平. 试论汉语中三种句子成分与语义成分的配位原则［J］. 中国语文, 1994（3）：161-168.

[109] 孙天琦, 潘海华. 也谈汉语不及物动词带"宾语"现象——兼论信息结构对汉语语序的影响［J］. 当代语言学, 2012（4）：331-342.

[110] 孙天琦. 现代汉语宾语选择问题研究述评［J］. 汉语学习, 2011（3）：71-81.

[111] 唐依力, 齐沪扬. 非常规关系下的动词带处所名词现象考察［J］. 汉语学习, 2010（5）：20-27.

[112] 唐依力. 汉语处所范畴句法表达的构式研究［D］. 上海：上海师范大学博士学位论文, 2012：22-53.

[113] 陶明忠, 马玉蕾. 框架语义学——格语法的第三阶段［J］. 当代语言学, 2008（1）：35-42.

[114] 田臻. 汉语静态存在构式对动作动词的语义制约［D］. 上海：上海外语大学博士学位论文, 2009：50-72.

[115] 童蕾. 现代汉语"动词＋工具宾语"结构研究［D］. 湘潭：湘潭大学硕士学位论文, 2008：1-33.

[116] 王琦, 郭锐. 汉语趋向动词用作方向词现象初探［M］//语言学论丛（第四十七辑）. 北京：商务印书馆, 2013：70-102.

[117] 王寅, 李弘. 体验哲学和认知语言学对句法成因的解释［J］. 外语学刊, 2003（1）：20-25.

[118] 王寅. 构式语法研究（上卷）理论思索［M］. 上海：上海外语教育出版社, 2011a：126, 205, 364-374.

[119] 王寅. 构式语法研究（下卷）分析应用［M］. 上海：上海外语教育出版社, 2011b：195-215.

[120] 王寅. "新被字构式"的词汇压制解析——对"被自愿"一类新表达的认知构式语法研究［J］. 外国语（上海外国语大学学报）, 2011（3）：13-20.

[121] 王珍. 汉语不及物动词带宾结构存在的认知理据［J］. 汉语学报, 2006（3）：62-68.

[122] 王葆华. 动词的语义及论元配置——句法语义接口研究［D］. 上海：复旦大学博士学位论文, 2003：36-116.

[123] 王纯清. 汉语动宾结构的理解因素［J］. 世界汉语教学, 2000（3）：34-43.

[124] 王俊毅. 及物动词和不及物动词分类考察 [J]. 语言教学与研究, 2001 (5): 17-24.

[125] 王力. 中国现代语法 [M]. 北京: 商务印书馆, 1943 [1985]: 43-44.

[126] 王力. 主语的定义及其在汉语中的应用 [M] //汉语的主语宾语问题. 北京: 中华书局, 1956: 169-170.

[127] 王力: 中国语法理论（上册）[M]. 北京: 商务印书馆, 1944.

[128] 王丽彩. 现代汉语方式宾语的研究 [J]. 语文学刊, 2012 (11): 33-35.

[129] 王明月. 句末"有+数量结构"的构式及话语功能探析 [J]. 语言教学与研究, 2014 (5): 61-68.

[130] 王明月. 现代汉语表程度的"X得Y"结构的构式及主观性探析 [J]. 海外华文教育, 2014 (2): 199-205.

[131] 王晓辉, 池昌海. 程度评价构式"X就不用说了"研究 [J]. 世界汉语教学, 2014 (2): 198-211.

[132] 王秀珍. 现代汉语里处所宾语的类型 [M] //面临新世纪挑战的现代汉语语法研究. 济南: 山东教育出版社, 1999: 805-812.

[133] 王迎春. 汉英脚部动作语义场对比研究 [D]. 烟台: 鲁东大学硕士学位论文, 2006: 1-64.

[134] 王宗炎. 怎样分辨主语和宾语 [M] //汉语的主语宾语问题. 北京: 中华书局, 1956: 114-123.

[135] 魏红. 面向对外汉语习得的常用动词带宾语情况研究 [D]. 武汉: 华中师范大学博士学位论文, 2008: 17-21.

[136] 温颖. 试论动词的及物不及物与相关施事受事名词的划界问题 [M] //句型和动词. 北京: 语文出版社, 1987: 183-185.

[137] 温宾利, 陈宗利. 领有名词的移位: 基于MP的分析 [J]. 现代外语, 2001 (4): 413-416.

[138] 芫菘. 从不及物动词带宾语看汉语的走势 [J]. 沙洋师范高等专科学校学报, 2002 (1): 39-41.

[139] 吴世雄, 纪玉华. 原型语义学: 从家族相似性到理想化认知模式 [J]. 厦门大学学报（哲学社会科学版）, 2004 (2): 57-64.

[140] 吴锡根. 动词对宾语的句法选择和语用选择 [J]. 杭州师范学院学报（社会科学版）, 1996 (4): 73-81.

[141] 谢晓明. 宾语代入现象的认知解释 [J]. 湖南大学学报（社会科学版）, 2004 (3): 70-73.

[142] 邢福义. 汉语里宾语代入现象之观察 [J]. 世界汉语教学, 1991 (2): 76-84.

[143] 邢福义. 汉语语法结构的兼容性和趋简性 [J]. 世界汉语教学, 1997 (3): 3 - 8.

[144] 邢福义. 汉语语法三百问 [M]. 北京: 商务印书馆, 2002: 29 - 33, 72 - 81.

[145] 邢公畹. 论汉语造句法上的主语和宾语 [M] // 汉语的主语宾语问题. 北京: 中华书局, 1956: 44.

[146] 邢红兵. 现代汉语常用动词带宾语能力调查 [M] // 语言计算与基于内容的文本处理: 全国第七届计算语言学联合学术会议论文集. 2003: 129 - 134.

[147] 熊学亮. 增效构式与非增效构式——从 Goldberg 的两个定义说起 [J]. 外语教学与研究, 2009 (5): 323 - 328.

[148] 徐杰. 两种保留宾语句式及相关句法理论问题 [J]. 当代语言学, 1999 (1): 16 - 29.

[149] 徐杰. "及物性"特征与相关的四类动词 [J]. 语言研究, 2001 (3): 1 - 11.

[150] 徐靖. "移动样态动词 + 处所宾语"的语义功能 [J]. 汉语学习, 2009 (3): 37 - 43.

[151] 徐枢. 宾语和补语 [M]. 哈尔滨: 黑龙江人民出版社, 1985: 1 - 50.

[152] 徐烈炯, 刘丹青. 话题的结构与功能 [M]. 上海: 上海教育出版社, 2007: 37 - 59.

[153] 徐盛桓. 常规关系与句式结构研究——以汉语不及物动词带宾语句式为例 [J]. 外国语 (上海外国语大学学报), 2003 (2): 8 - 16.

[154] 徐盛桓. 试论英语双及物构块式 [J]. 外语教学与研究, 2001 (2): 81 - 87.

[155] 徐仲华. 分析句子应该从语法标志出发 [M] // 汉语的主语宾语问题. 北京: 中华书局, 1956: 37 - 40.

[156] 颜景常. 从意义与形式的关系上看汉语动句的主语与宾语 [M] // 汉语的主语宾语问题. 北京: 中华书局, 1956: 124 - 127.

[157] 杨俊萱. 口语和书面语 [J]. 语言教学与研究, 1984 (1): 137 - 146.

[158] 杨晓宇. 主观视角下的动宾问题研究——以"足"部动词为例 [D]. 北京: 北京师范大学博士学位论文, 2011: 38 - 70.

[159] 杨永忠. Vi + NP 中 NP 的句法地位 [J]. 语言研究, 2007 (2): 59 - 64.

[160] 叶川. 动词 + 目的宾语结构的语用认知分析 [J]. 南昌高专学报, 2005 (2): 48 - 51.

[161] 雍茜. "在 + L"类构式与动词的语义整合 [D]. 上海: 上海师范大学硕士学位论文, 2012: 16 - 17.

[162] 袁野. 动词意义、构式与体验式理解 [J]. 外语教学, 2007 (3): 36 - 40.

[163] 袁邦照. 论及物动词与不及物动词的互相转化 [J]. 湘潭大学学报 (哲学社会科学版), 2005 (S2): 138 - 140.

[164] 袁博平. 汉语中的两种不及物动词与汉语第二语言习得 [J]. 世界汉语教学, 2002 (3): 91-101.

[165] 袁毓林. 一套汉语动词论元角色的语法指标 [J]. 世界汉语教学, 2003 (3): 24-36.

[166] 张斌. 简明现代汉语 [M]. 上海: 复旦大学出版社, 2004: 222.

[167] 张静. 汉语语法问题 [M], 北京: 中国社会科学出版社, 1987: 297.

[168] 张敏. 认知语言学与汉语名词短语 [M]. 北京: 中国社会科学出版社, 1998: 51, 59-60.

[169] 张月. 现代汉语对象宾语研究 [D]. 武汉: 华中师范大学硕士学位论文, 2008: 1-38.

[170] 张伯江. 从施受关系到句式语义 [M]. 北京: 商务印书馆, 2009: 140.

[171] 张伯江. 施事宾语句的主要类型 [J]. 汉语学习, 1989 (1): 13-15.

[172] 张国宪. 单双音节动作动词充当句法成分功能差异考察 [J]. 淮北煤师院学报（社会科学版）, 1989b (3): 116-123.

[173] 张国宪. 单双音节动作动词搭配功能差异研究 [J]. 上海师范大学学报（哲学社会科学版）, 1990a (1): 141-145.

[174] 张国宪. 单双音节动作动词语用功能差异探索 [J]. 汉语学习, 1989c (6): 12-14.

[175] 张国宪. "V$_单$" 短语与 "V$_双$" 短语探异 [J]. 淮北煤师院学报（社会科学版）, 1990b (4): 117-123.

[176] 张国宪. "V$_双$+N$_双$" 短语的理解因素 [J]. 中国语文, 1997 (3): 176-186.

[177] 张国宪. "动+名" 结构中单双音节动作动词功能差异初探 [J]. 中国语文, 1989a (3): 186-190.

[178] 张建理, 房占峰. 论汉语非施事主语单宾语构式 [J]. 浙江大学学报（人文社会科学版）, 2013 (6): 121-131.

[179] 张建理, 刘琦. 同形异义句的认知构式语法研究 [J]. 浙江大学学报（人文社会科学版）, 2011b (6): 121-131.

[180] 张建理, 叶华. 汉语双量词构式研究 [J]. 浙江大学学报（人文社会科学版）, 2009 (3): 149-156.

[181] 张建理, 朱俊伟. 动词隐喻的本体研究 [J]. 外语教学, 2011a (1): 1-5.

[182] 张建理. 单宾语句的认知构式语法研究 [J]. 浙江大学学报（人文社会科学版）, 2008 (4): 182-189.

[183] 张建理. 论动词本原构式 [J]. 浙江大学学报（人文社会科学版）, 2012 (6): 174-185.

[184] 张建理. 英汉双宾语句认知对比研究［J］. 外国语（上海外国语大学学报），2006（6）：28－33.

[185] 张建理. 再论英汉双宾语构式［J］. 外语研究，2010（2）：8－13.

[186] 张云秋，周建设. 语法结构的经济性原则——从汉语受事标记的过度使用谈起［J］. 外语研究，2004（6）：9－13.

[187] 张云秋. 现代汉语受事宾语句研究［M］. 上海：学林出版社，2004：2，124－125，91，95，162－164.

[188] 张志军. 俄汉语腿、脚部动作语义场内义位词典释义的对比分析［J］. 俄语语言文学研究，2008（2）：27－37.

[189] 章芳颖. 原型义项排列法中原型义的确立原则［J］. 龙岩学院学报，2011（3）：102－105.

[190] 赵元任著，丁邦新译. 中国话的文法［M］. 香港：中文大学出版社，1968［1980］：40.

[191] 赵元任著，吕叔湘译. 汉语口语语法［M］. 北京：商务印书馆，1979：299－300.

[192] 郑娟曼. 现代汉语贬义性习语构式研究［D］. 广州：暨南大学博士学位论文，2010：12－29.

[193] 中国科学院语言研究所语法小组. 语法讲话［J］. 中国语文，1953（1）.

[194] 中国社会科学院语言研究所词典编辑室. 现代汉语词典（第7版）［M］. 北京：商务印书馆，2016.

[195] 朱德熙. 语法答问［M］. 北京：商务印书馆，1985：27－30.

[196] 朱德熙. 语法讲义［M］. 北京：商务印书馆，1982：58，116，43，66－69.

[197] 朱行帆. 汉语"主语—不及物动词—宾语"结构的轻动词句法分析［D］. 广州：华南师范大学硕士学位论文，2005：28－54.

[198] 宗杉. "动词＋处所宾语"的句法语义及相关语法问题研究［D］. 长春：东北师范大学硕士学位论文，2006：3－23.

[199] 左双菊. "来/去"带宾能力的优先序列考察［J］. 汉语学报，2007（4）：71－78.

[200] Bergen, Benjamin K., Nancy C. Chang. Embodied Construction Grammar in Simulation－based Language Understanding［M］//Ostaman & Fried（eds.）. Construcution Grammars. Amsterdam：John Benjamins Publishing Company, 2005：1－30.

[201] Croft, W. Radical Construction Grammar［M］. Oxford：Oxford University Press, 2001.

[202] Drive, R., Verspoor, M. Cognitive Exploration of Language and Lingustics［M］. Amsterdam：John Benjamin's publishing Company, 1998：31.

[203] Fillmore, C. J., B. S. T. Atkins. Toward a Frame－based Lexicon：The Semantics of RISK and its Neighbors［M］//A. Lehrer and E. F. Kittay（eds.）. Frames, Field and

Contrast: New Essays in Semantics and Lexical Organization. Hillsdale, NJ: Lawrence Erlbaum. 1992: 76 – 77.

[204] Fillmore, C. J., Paul Kay, Mary Catherine O'Connor. Regularity and Idiomaticity in Grammatical Constructions: The Case of Let Alone [J]. Language, 1988 (64): 501 – 538.

[205] Fillmore, C. J. Frame Semantics [M] //Linguistic Society of Korea (ed.). Linguistics in the Morning Calm. Seoul: Hanshin, 1982: 373 – 400.

[206] Fillmore, C. J. The Case for Case [M] //E. Bach and R. T. Harms (eds.). Universals in Linguistic Theory. New York: Holt, Rinehart & Winston, 1968: 1 – 88.

[207] Finegan, E. Subjectivity and Subjectivisation: An Introduction [M] //D. Stein, S. Wright (eds.). Subjectivity and Subjectivisation: Linguistic Prespectives. Cambridge: Cambridge University Press, 1995: 1 – 15.

[208] Goldberg, A. E. Constructions at Work: The Nature of Generalization in Language [M]. Oxford: Oxford University Press, 2006: 5.

[209] Goldberg, A. E. Constructionist Approaches to Language [M] //Thomas Hoffmann, Graeme Trousdale (eds.). Handbook of Construction Grammar. Oxford: Oxford University Press, 2013: 15 – 31.

[210] Goldberg, A. E. Constructions Work [J]. Cognitive Linguistics, 2009, 20 (1): 201 – 224.

[211] Goldberg, A. E. Constructions: A Construction Grammar Approach to Argument Structure [M]. Chicago and London: The University of Chicago Press, 1995: 4, 43 – 66, 73 – 100.

[212] Goldberg, A. E. Constructructions: A New Theorhudongical Approach to Language [J]. TRENDS in Connitive Sciences, 2003 (7): 219 – 224.

[213] Goldberg, A. E. Verbs, Constructions and Semantic Frames [M] //Syntax. Lexical Semantics and Event Struction. Oxford: Oxford University Press, 2010: 39 – 58.

[214] Goldberg, A. E., Devin Casenhise, Nitya Sethurama. A Lexically Based Proposal of Argument Structure Meaning [J]. Journal of Foreign Language, 2005 (1): 1 – 14.

[215] Goldberg, A. E. Constructions, Lexical Semantics and the Correspondence Principle: Accounting for Generalizations and Subregularities in the Realization of Arguments [M] // Nomi Erteschik – Shir, Tova Rapoport (eds.). The Syntax of Aspect. Oxford: Oxford University Press, 2005: 215 – 236.

[216] Iwasaki, S. A Cognitive Analysis of English Cognate Object [J]. Constructions, 2007 (1): 1 – 40.

[217] Iwata, S. Locative Alternation and Two Levels of Verb Meaning [J]. Cognitive Linguistics, 2005a, 16 (2): 355 – 407.

[218] Iwata, S. The Role of Verb Meaning in Locative Alternations [M] //M. Fried (eds.). Grammatical Constructions: Back to the Roots. Amsterdam: John Benjamins Publishing Company, 2005b: 101 – 118.

[219] Josef Ruppenhofer, Michael Ellsworth, et al. Frame Net II: Extended Theory and Practice [M/OL]. http://framenet2.icsi.berkeley.edu/docs/rl.5/book.pdf, 2010: 19 – 21.

[220] Kay, P., Fillmore, C. J. Grammatical Constructions and Linguistic Generalizations: The What's X Doing Y? Construction [J]. Language, 1999 (75): 1 – 60.

[221] Langacker, R. W. An Introduction to Cognitive Grammar [J]. Cognitive Science, 1986 (1): 1 – 40.

[222] Langacker, R. W. Cognitive Grammar [M] //Dreste F. G. & J. E. Joseph (eds.). Linguistic.

[223] Langacker, R. W. Cognitive Grammar: A Basic Introduction [M]. Oxford: Oxford University Press, 2008.

[224] Langacker, R. W. Construction Grammars: Cognitive, Radical, and Less So [M] // Francisco J. Ruiz de Mendoza Ibaez, M. Sandra Pe a Cervel (eds.). Cognitive Linguistics: Internal Dynamics and Interdisciplinary Interaction. Berlin: Mouton de Gruyter, 2005: 101 – 159.

[225] Langacker, R. W. Constructions in Cognitive Grammar [J]. English Linguistics, 2003, 20 (1): 41 – 83.

[226] Langacker, R. W. Foundations of Cognitive Grammar: Practical Applications (Vol. 2) [M]. Stanford: Stanford University Press, 1991/2004.

[227] Langacker, R. W. Foundations of Cognitive Grammar: Theoretical Prerequisites (Vol. 1) [M]. Stanford: Stanford University Press, 1987.

[228] Li, C. N., S. A. Thompson. Subject and Topic: A New Typology of Language [M] // Charles, Li. Subject and Topic. London/New York: Academic Press, 1976: 457 – 489.

[229] Lyons, J. Semantics [M]. Cambridge: Cambridge University Press, 1977: 739.

[230] Talmy, L. Force Dynamics in Language and Cognition [J]. Cognitive Science, 1988 (12): 49 – 100.

[231] Tamly, L. The Windowing of Attention [M] //Masayoshi Shibatani, S. A. Thompson (eds.). Grammatical Constructions: Their Form and Meaning. Oxford: Oxford University Press, 1996: 235 – 288.

[232] Traugott, Elizabeth C. Constructions and Language Change Revisited: Constructional

Emergence from the Perspective of Grammaticalization [R]. Paper Presented at Direction in English Language Studies, Manchester April 6th – 8th, 2006.

[233] Traugott, Elizabeth C. Grammaticalization of NP of NP Patterners [M] //Alexander Bergs, Gabriele Diewald (eds.). Constructions and Language Change. Berlin: Mouton de Gruyter, 2008: 23 – 44.

[234] Zhang, R. Symbolic Flexibility and Argument Structure Variation [J]. Linguistics, 2006, 4 (1): 689 – 720.

附　录

附录1　水平方向类足部位移不及物带宾构式用例

（一）跑

1. 与处所有关的"跑+O"用例

（1）他们在气候条件好的高原上生活繁衍，从孩提时代起被迫走远路，跑山路。

（2）王军霞明显加快了步伐，速度比跑第一圈时还要快，最后400米只用了1分1秒36。

（3）遇到过狮子的一方会描述大体方位，以便对方不必跑冤枉道。

（4）就这样，世明公司依靠诚实做生意，深购远销跑全国，讲究信誉重管理，生意越做越红火。

（5）四二、四三年就跑张家口儿，跑张家口儿那是自个儿啊，就跟做小买卖儿似的。

（6）我是第一次跑济青路，想来看看，图个新鲜。

（7）原本不用走几步路即可办成的事，现在几乎得跑半个城市。

（8）值勤战士有时间观察每位游客特征，尤其那些"跑桥头（当地小贩）"的生意人，一眼就能认出。

（9）7日，深大电话公司召集了15家证券商（深圳共80家）和当地一名跑交通线的记者召开"证券商座谈会"，又引起了一场"参股风波"。

（10）班主叫林玉梅，四十多岁，带着三个女儿在外面跑码头。

（11）主人公浮士德原是一个跑江湖的魔法师，懂得炼金术、星相术等。

（12）他说那些年北溶的干部主要是跑"三场"：跑官场，跑市场，跑科场。

（13）我也舍不得像以前那样一买一大摞了，只好跑图书馆去看了。

（14）有的地方……办一个小商品批发市场，竟要跑80多个部门，盖100多枚公章。

（15）为了买到春节回家的火车票，14日下午，记者一连跑了三个火车票预售点，排了三次长队，结果却都被告之"票已售完"。

（16）为了在本次政协会议上提交有价值的提案，早在春节前，她就跑基层，深入调查河北省交通状况，并一一记在笔记本上。

（17）只求对上"负责"，不求对下负责，一门心思拉关系，跑后门，搞人身依附。

2. 表结果义的"跑＋O"用例

（18）具"黑马"相的法国"黑马"多库里在第九栏几乎绊倒，跌跌撞撞地跑了最后一名，成绩是13秒76。

（19）比赛时，我的比赛经验不足，思想压力太大，没发挥出训练水平，才跑了第9。

（20）最后，约翰逊仅跑了第三名。

（21）物的里里外外、犄角旮旯保养得都像新的一样，一点儿也看不出已经跑了几十万公里的"劳损"。

（22）（祥子）刚跑了一身的热汗，把那个冰凉的小水筒往胸前一贴，让他立刻哆嗦一下。

（23）架子车、喷药器……哎，把我跑了个披身水！

（24）到了街上别要吃的！好好拉着爸爸的手！别跑一脚土！

（25）我早就想申请公私合营，又怕同业误会，以为我徐义德想出风头，跑头马。

3. 表工具义的"跑＋O"用例

（26）靠向游客出售当地土特产、民族工艺品、特色小食品，以及开餐馆、跑出租车赚了钱。

（27）咱们跑货车能赚钱吗？

（28）2009 年，袁彬开始跑客车，这些年来，他已经习惯了这种生活……

4. 表方式义的"跑+O"用例

（29）没有人跑之字形，全是直线，上上下下，投篮前没有太多传递。

（30）一二堂龙套在台上跑一二个圆场，就算行程千百里，像俗语所说："三五步行遍天下。"

（31）乐乐的小妹妹是最喜欢客人的，她尽绕着新新跑圆圈，一面跳一面唱。

（32）下午，我们要在十字街头的大空场上跑马戏，俞公子还要讲演，少奶奶来听吗？

（33）他们初步计划让"勇气"号跑个长途，开向约两公里以外的一群被命名为"哥伦比亚"的小山。

（34）按照交通部规定的时间参营，有的以包车为名，实际在参营，省境内跑区间。

（35）全程过长的，高峰时增加大站车跑全程。

（36）为了圆明星之梦只能在北京寻找别的机会，跑龙套的、靠坐台生活的各种各样的都有。

（37）身挂 71 号号码的是代表中国队参赛的辽宁省队，跑第一棒的是崔颖。

（38）钱伯斯和队友在去年世锦赛上夺取了接力银牌，当时他跑最后一棒。

（39）你看，跑一百米的，跑跨栏的运动员，"大器晚成"怎么办？

（40）让跑 800 米的运动员也跑马拉松，这在世界上是无人敢想的。

（41）不得不像一个小商人一样跑单帮、做生意，像一个农妇一样干农活。

（42）三分之一蹲点，三分之一跑面，三分之一坚持机关日常工作。

（43）扶贫联络组将采取"蹲点"与"跑片"相结合的形式，为地方扶贫开发和经济发展牵线搭桥，多办实事。

（44）上次为解决全家共用的一个煤气罐，跑人情十四人次。

（45）坚持"德才兼备、以德为先、实绩为重"的用人原则，杜绝"跑人情、打招呼、拉关系"，自觉接受广大干部群众监督。（http：//gs. people. com. cn/GB/184000/12555428. html）

5. 表存现或容纳义的"跑+O"用例

（46）每次回家也都是来也匆匆，也匆匆，身后颠颠跑着随从人员。

（47）德刚应声提着罐儿跑来，后面跑着嫂子拿着两个砂碗。

（48）可是猪是活的，它会在黑夜里跑掉，因此雪地上跑着不少没有主的猪。

（49）有时还会一展她圆润的歌喉，唱一曲江南民谣："沙土地呀跑白马，一跑跑到丈人家……"

（50）在康来奴的邻居家，胡富国看到这家的主妇抱着一个孩子，地下还跑着两个，急忙问有几个小孩，并认真地叮嘱：可千万不能再生了。

（51）村舍中既有南国风格又有西洋式样，公路上跑着一辆辆小汽车、大客车和卡车，阳光几乎是直晒大地毫无遮拦。

（52）七号监狱跑了一个犯人。

（53）刘明洋说，"七运会第四名河北队，一下子跑了5、6个队员，河北队也一落千丈掉进了乙级。"

（54）"大惊小怪，跑了一个疯子，值得……"

（55）这烟跑了味儿，就不地道了！

（56）洪敏又出了一声，但那一声刚冒出来就跑了调。他的大腿给晚江拧了一下。

（57）把来的坡耕地改成水平梯土或坡式梯土，使跑土、跑水、跑肥的"三跑地"变成了"三保地"。

（58）最后，丢了健康，跑了爱情，忘了儿子，只剩那个越来越严重的壳——工作。

（59）他媳妇怕跑了动静，每天晚上都先堵严窗户，塞严门缝，再上床去睡觉。

（60）小时候听一个到过北京的大人说，北大校园里能跑汽车，他就天天想，可怎么也想不出来能跑汽车的校园是什么样的。

（61）交你这朋友算没白交，怎么坑没事。君子不记小人过，宰相肚里能跑火车。

（62）另一个人批白说："崔大爷，您这人心眼还实在，就是有一宗：满嘴跑舌头，没有把门的。"

6. 表动机义的"跑+O"用例

（63）老四说自己分管供销，跑公事可以派车。

（64）上午我随他去跑一些事，中午他请我在街上吃。

（65）不过不是马上就走，而是倒要利用跑外勤的机会，看看自己能不能找到别的事由。

（66）当年我在工厂当厂长时，就常常为给跑年检的工作人员一次次派车而头疼。

（67）我就到城市里打工，刚开始在建筑工地当小工，后来在一家物资公司跑采购，一干就是9年……

（68）村支书郭凤莲大部分时间在外面跑项目、跑资金，没有节假日，没有星期天，累病了也顾不上休息。

（69）两次到北京谈项目、跑贷款。

（70）我并非想以此发财，其实赚上十几万元，对我们跑生意的来说很容易，但靠"六合彩"谋此大财确实难于上青天。

（71）仅鲍荣枢在的村——南彩村，"捉鱼捞虾"跑买卖的就有百十口人。

（72）在市场不好时，没有销售任务的职工，也主动跑销售。

（73）朱国平带领全村干部群众集资100万元，自己又拿出多年跑供销所得的60万元奖金作风险抵押金。

（74）他们的眼睛盯住了冶金行业，一年内派出100多人次跑调研、找产品。

（75）县委的同志介绍，兰考人过去往外跑，是讨饭，现在同样往外跑，却是跑资金、跑技术、跑人才、跑生意。

（76）这些日子他的车几乎没有熄过火，人没进过家，为了跑业务，他没日没夜地苦干。

（77）在资金极度困难的条件下，亲自去皮革厂跑原材料，克服重重困难，开创了生产皮革服装的新局面。

（78）乡、村两级父母官纷纷披挂上阵，抓信息，拉股份，跑合同。

（79）然而，他迎着困难踏上了征程，开着手扶跑贷款，跑图纸，找技术人员。

（80）兼任党总支书记的老韩头儿——韩胜嘉，带着一班人马，干基建，跑副食。

（81）财政赤字县，工资不能按时发，经费很困难，不少县长要花很大精力<u>跑工资</u>、保吃饭。

（82）多的时间，盖了50多个公章，直到1985年进入深圳后还一直在<u>跑"三证"</u>。

（83）我们也下过相当大的功夫，亲自<u>跑贷款</u>，<u>跑销路</u>，甚至把常委会搬到厂里开。

（84）我总经理我说了算，我招美女你<u>跑广告</u>。

（85）他<u>跑新闻</u>的劲头大，出手快，写东西也抓得到特点。

（86）大喜八岁就给咱八路<u>跑交通</u>，十二岁叫汉奸抓了去……

（87）联大的学生，以及住在昆明的人，对<u>跑警报</u>太有经验了，从来不仓皇失措。

（88）在西安<u>跑工作</u>期间，我早出晚归，就借宿在他们租住的小屋。

（89）你们也好抽出编辑到外面儿<u>跑点儿</u>好稿子呀。

（90）春节期间车票紧张，他会去替职员<u>跑票</u>给职员的家人从外地来探亲。

（91）罗补登的科技论文在全国获了一等奖，贺善政抓住这个机遇为他家属<u>跑户口</u>。

（92）回镇后，他主动帮助杨公男<u>跑地皮</u>、选厂址。

（93）刘振东司长对此很有感慨，他说，往年为<u>跑电</u>、<u>跑运输</u>、<u>跑煤</u>不知要费多少劲，请客送礼还抢不上。

（94）另一种倾向是偏离审判工作重心，专门<u>跑"服务"</u>。

（二）走

1. 与处所有关的"走+O"用例

（95）当然了，这是我亲手布置的房间，这些家具都是我亲自去买的，<u>走了很多地方</u>的。

（96）奴家没有卖儿郎，身背花鼓<u>走四方</u>。

（97）请<u>走这边</u>，列昂·斯特戴尔博士。

（98）您挑两个煤油桶啊，一人四十多斤，<u>走旱路</u>，<u>走咱们这张家</u>……

（99）有的扒窃犯尾随跟踪你<u>走几条街</u>，甲地没有机会，到乙地、丙地找到机会下手将你的钱包窃走。

（100）他带着学生登景山、<u>走胡同</u>，去感受旧日老北京的美。

（101）人们认为他的绝活是唱戏，可他真正让人佩服的特长却是<u>走 T 台</u>。

（102）以前在秀场的模特儿总是穿着恨天高或者厚底鞋<u>走 T 台</u>，而时尚不代表说你一定要穿一双超贵的鞋子来搭配，轻松舒适的球鞋也能让你清新十足。

（103）体会当年高句丽人的艰辛，也为了省点力气，来这里的游客多愿意<u>走走"十八盘"古道</u>。

（104）无论<u>走香港</u>还是澳门，因为要过安检，行李上上下下都很麻烦。

（105）在居民家当保姆时，广场保安和工作人员强迫她从地下室通过，不许她<u>走大门</u>。

（106）前门被堵，便<u>走后门</u>。

（107）维族少年沙特尔，4 月 26 日从新疆来到广州香江野生动物世界试<u>走高空钢丝</u>。

（108）不过那是不行的，我是中锋，如果我不<u>走内线</u>，其他人不能找到投空篮的机会。

（109）不要让企业为一笔买卖<u>走 4 家单位</u>，企业没有时间精力去四处奔波。

（110）黑龙江省科技开发交流中心在企业中推广密闭式冷凝水节能新技术，连着<u>走了好几家企业</u>，厂长们都说这项技术好，就是不想上……

（111）在不到两个月时间内，<u>走了六个国家，十几个城市</u>，白天参观考察、晚上汇报、综合。

（112）<u>走下坡路</u>的时期了。

（113）他们将给学生以正确的人生榜样，不仅带领孩子<u>走正路</u>，而且带领他们<u>走拼搏胜利的路</u>。

（114）二十几岁的青年人，谁知道他以后会怎样发展，或时运不佳，或<u>走了邪路</u>，难说得很呐！

（115）党支部不讲政治，党员不讲政治，经济上得再快，也会<u>走歪路</u>。

（116）三代人不同，但并不隔绝，好像是一个青年，经历了三个不同时代，<u>走了三角形的三个顶点</u>，却仍是一个青年。

（117）我想有很多客观的东西：我们要<u>走自由职业的道路</u>，但同时我们这些人又不是大款。

(118) 该书中桃园结义、保皇嫂、过五关斩六将、走麦城等情节，脍炙人口，妇孺皆知。

(119) 中国足球队今晚在这里"走麦城"，以0:1负于也门队。

(120) 他使用自己的天才和学识向极峰探险，也可以说是浪费了一份禀赋去走死胡同。

(121) 取名一卿就是让侄儿走仕途，要管人而不被人管。

(122) 这位生性敏感的德国人说："帕特里克这个人特别情绪化，他有时候说话不走脑子。"

(123) 这种问答，揭示出经济生活中存在着"走账号"这种现象。

(124) 执此二者，取俄取英，弟原无成见，但以为与其各走极端，莫若得其中和以导国人。

(125) 有的单位为了达到某种目的，不走正道钻邪门，拿着礼物当"敲门砖"……

(126) 用人大代表申纪兰的话说，人大代表的作用正变得更讲究实际，而不是走过场。

(127) 台办"5.17受权声明"已经为陈水扁指出了两条道路，但是他不走"阳关道"，偏走"独木桥"。

(128) 她觉得这条路子比晓荷的有更多的把握，因为她既自信自己的本领，又知道运动官职地位是须走内线的。

(129) 结果真正名士人选的只有一人，其他五人都是走后门入选的。

2. 表结果义的"走+O"用例

(130) 日元汇率在一年零三个月里，走了一个倒"U"字形，又回到了去年6月中旬的水准。

(131) 内行的人看得出来，这是走了一个"心"字。

(132) 他们从龙口、烟台等水路而来，或沿铁路走一个弧线，然后直插北疆。

(133) 往山里跑，刚跑到北山根，从北山后头又钻出一股，也全骑着马，正走了个碰头。

3. 表时间义的"走+O"用例

(134) 何信夫就是凭着这样一个信念，带着一群农民女运动员走过了不平凡的 28 年。

（135）它们的作者贺敬之如今已经<u>走过 65 年文学生涯</u>。

（136）自 1905 年第一部国产影片问世至今，中国电影蹒跚<u>走过了百年风雨</u>。

（137）1953～1993 年，宁夏银川地震台在平凡的地震事业中<u>走过了不平凡的四十个寒暑</u>。

（138）上海博物馆<u>走过了四十年的历程</u>，最老的馆舍就是现在的上海图书馆。

（139）杭州动物园日前宣布，生活在杭州动物园的熊猫寿星"培培"，<u>走过了 33 个春秋</u>后，终因年老、内脏各机能严重衰竭于 8 月 13 日在该园去世。

（140）居在深山老林，开门见山，出门爬坡，交通极不方便，为赶一趟集要<u>走两头黑</u>。

4. 表方式义的"走 + O"用例

（141）这 58 万辆自行车全部要<u>走轮渡</u>，而同时轮渡的客流量还将比现在增长 48%！

（142）是跑关系<u>走人情</u>进所谓的权力部门，还是服从组织分配？

（143）即使在酷暑，她扎着大靠<u>走圆场</u>，一练就是 100 圈。

（144）如在步法上，狼狈挣扎时<u>走跪步</u>，少女在欢乐时甩辫梢<u>走碎步</u>，以描绘人物心态。

（145）军队等按照不同的兵种或编制排列成一定的队形，依次<u>走正步</u>、行注目礼通过检阅台，这种队形叫分列式。

（146）不然，马<u>走象步</u>，卒按车行，就乱套了。

（147）不知道这两种棋的发明者是否商量过，存在着那么惊人的相似：<u>马走日字</u>，<u>相走田字</u>，<u>车走直线</u>，兵只进不退，两军对垒，双方实力相同。

（148）医院我见不得医生们慢腾腾地<u>走八字步</u>，我觉得一名医生的脚步和着装能够给病人以信任的感觉，虽是小事却影响重大。

（149）上到平台一看，只见春华身扎武生穿的大靠，足蹬厚底靴子，正在<u>走大武生</u>的"起霸"呢。

（150）其道士<u>走八卦之舞步</u>，配以锣钹之节奏，极具声色之美……

（151）和袁四爷争执霸王该<u>走五步</u>还是七步。

（152）他居圆心牛<u>走圆圈</u>，慢慢悠悠反反复复吃着石碌碡在麦秸上面旋转。

（153）尹白大受刺激，车子<u>走</u>之字。

（154）从1983年开餐馆开始，<u>走边贸</u>、搞外协，努力开拓，前不久竟购买了3架西安飞机制造公司。

（155）如果<u>走铁路</u>一年便可节约成本500万元……

（156）这年头，正版书都是火车运的，人家盗版商比我们有钱多了，都能<u>走空运</u>，所以，在国内没人敢玩这个。

（157）身边的这个女孩，原来是他<u>走时髦包</u>的"二奶"啊！

（158）她指的"<u>走方步</u>"，即正直的意思。

（159）我不那么短见，职务大小一样革命，人一辈子谁能老<u>走顺风船</u>？

（160）那不过是咱们中国人<u>走人情</u>的一种习惯罢了……

（161）赖和尚说："<u>人走时运马走膘</u>，谁让你记性不好了？"

5. 表存现或容纳义的"走+O"用例

（162）在麦浪似锦的烟潍公路上，<u>走着两个学生打扮的年轻人</u>，一个是少剑波，一个是他的战友王孝忠。

（163）<u>路上走着一群人</u>。

（164）以美国大鹰国际公司项目名义，为福州市一些人办理了31本护照，<u>实走21人</u>，假冒隆尧县千户营乡劳务派出，收费96600美元。

（165）这是一个不挣钱的事，在这个过程当中，有的人来了两天又走了，也有人因为不挣钱半途就退缩了，铁打的营盘流水的兵，<u>走了穿红的</u>，来了挂绿的，但是也有人坚持下来了。

（166）竹园村办的工艺盒厂，并没有因为<u>走了几位厂长</u>、带走一批人而垮台。

（167）在我这个食档，起码已经<u>走了十几个像她一样的湘妹子</u>。

（168）北京医科大学教授严仁英代表说，她辛辛苦苦培养的三个博士生<u>走了两个</u>。

（169）即使轿夫因无利可图收起了生意，很可能"<u>走了太阳</u>，来了月亮"，别人又搞出其他什么热热闹闹的玩意来。

（170）又一阵春风，又一阵春雨，渐渐地，<u>走了花香</u>，蜜蜂也不来了。

（171）小野一屁股坐在椅子上，像是<u>走了气</u>的皮球。

（172）这本是战士们的术语，经老头和妇女们一传，便<u>走了调儿</u>，可是由于接近县城，气氛过于紧张，所以谁也顾不着笑话谁。

（173）人是会变的呀！本来个头很大的孙布袋，人已收缩得走了形，他就像个孩子似地躺在那里，显得又瘦又小。

（174）公司推广使用节能新工艺和新设备，调度室技术员王志加为了摸清公厕里一块水表一分钟到底走几个字，在厕所一蹲就是两个小时，为改造节水工艺提供了可靠的数据。

（175）武工队个个像人精，从他们眼下逃出，那不是猴嘴里掏枣，虎口内走人？

（176）寨前边这条大路最宽处只能并骑行走，步兵并排儿只能走三四个人，一般窄处只能走两个人。

（177）为什么说高山走俊鸟呢？

（178）最后环绕城墙还要有路，在路中间还要分，中间走皇帝的，两边走其他百姓的。

（179）但平坦的道路上可以走汽车，也可以走牛车，应该选择何者，是立法法实施后摆在立法机关面前的问题。

（180）文章写了美国天桥和地道能走汽车，多么先进……

（三）遛（liù）

1. 与处所有关的"遛＋O"用例

（181）我觉得到公园遛弯也是遛，总去公园也太没意思，何不去遛胡同呢，还是自己的兴趣所在。

（182）看到别的青年夫妇带着孩子遛马路、逛公园，合家欢乐，贾丽娜也曾羡慕过。

（183）那可不是逛公园，更不是遛足球场！

（184）读者可留在阅览室看书，不用遛大街。

（185）老人笑呵呵说："天天在这桥上遛，昨天遛的北边，今天遛遛西边。"

（186）武老师说，"不办卡之前，什么人都进来，当是来遛公园了……"

（187）谈不上是同生死，共患难，但隐隐约约有那么一点危险感，和看电影、遛翠湖时不同。

（188）剧团外出，他爱逛商店，遛地摊，买"俏货"。

· 155 ·

(189) 于是，对二姑娘就格外殷勤起来：天天陪伴她逛马号，遛市场，进时装店，吃迎宾楼。

(190) 雷蕾的创作最长不会超过一个半小时；之后就去逛街、遛商场。

(191) 裕藻星期天偶尔也同我们一起去逛逛公园，逛逛城隍庙，陪赵宗浚去遛拍卖行，平常大都是读"书"……

(192) 游客可以一边遛街，一边体验新一代汽车，体感新的生活，感知社会的变化。

(193) 我改了行，成了一名"看看报纸聊聊天，结结绒线遛遛街"的女行政人员。

2. 表时间义的"遛+O"用例

(194) 从此他与京城60岁以上的老人一起在陶然亭公园里遛早儿、侃大山。

(195) 正确的做法是将遛早改为遛"晚"。（http：//www.lysti.gov.cn/article.asp?id=889）

(196) 晚上不去健身就会和爸妈晚饭后遛晚，小量的运动有助于消化和睡眠。（http：//blog.sina.com.cn/s/blog_4922564a0100ffkn.html）

(197) "遛晚"还蛮有乐趣的，跟"遛早"有着天壤的区别。（http：//blog.sina.com.cn/s/blog_4ae2a144010005sw.html）

3. 表方式义的"遛+O"用例

(198) 家狗平时不吃别人给的东西，早晨出去遛大弯儿时还没事。

(199) 他除了坐着，有时也遛个小弯，提着他的马扎，一步一步，走得很慢。

(200) 可李嫂已无法猫腰，农具不要了，也没有直接回家，而是沿着村街来回遛圈子。（http：//hi.people.com.cn/2003/08/08/80284.html）

4. 表受影响义的"遛+O"用例

(201) 每晚7时至8时，有许多人在遛大狗，且都没有拴链子，公园门上明明挂着"禁止宠物入内"的牌子，但形同虚设。（http：//sn.people.com.cn/n/2014/0915/c190203-22309110.html）

(202) 拿草珠子的老头儿感叹地说："我们每天起来，连个遛画眉绕弯儿的地方也没有了！"

（203）他夹了夹花毛马的肋内，慢慢地遛着马，埋怨着自己，埋怨着刚才他那番话是否有必要。

（204）想象不出一个人怎么能那么玄地骑在马背上，戴着那样的帽子、以比遛花蹄快得多的速度奔驰而又稳坐马鞍、安然无恙的。

（205）那就再上马吧，我接着遛你们。

（206）大白菜也寂寞，又有随时被丢弃的危险，看似遛白菜，其实是在遛自己。

5. 表动机义的"遛+O"用例

（207）正午稍过，僧道等遛斋完毕陆续回棚，先由正座写疏头，僧尼皆写"疏头"，道士写"融词"，番僧则作"巴拉面"。

（208）欧阳剑想和女儿聊聊自己的感情，淼淼觉得吃顶了下楼遛食，留下惆怅的欧阳剑。

（209）可是在人群中也蹲着一个人，这个人有病刚好，拄着一根棍子出来遛病……

（210）正月十五闹元宵，正月十六遛百病。（http：//blog.sina.com.cn/s/blog_53affdf4010007oy.html）

（四）迈

1. 与处所有关的"迈+O"用例

（211）还有一位孤老无法迈楼梯，"来，爷爷"，一个高一的男生弯下了腰……

（212）当他默默地点了一点头后，站起来就往外走，刚要迈门坎，看到了杨子荣，他马上止了步。

（213）逢时抱着草药包子刚要迈门槛儿，立即被她拦住。

（214）汉民都什么迈火盆子那什么的，这儿都没有那个事情。

（215）待看椿同桂，洗馥迈燕山。

（216）8年来，村里收入年年迈台阶，1992年，工农业总产值达到1500万元。

2. 表方式义的"迈+O"用例

（217）所有的过往行人及车辆都自觉遵守交通规则，汽车绝没有同行人抢道的现象，行人也不会迈方步，而是急匆匆地通过路口。

（218）闲坐着等人总觉得时间太长，表上的针像锈住了一样老不肯迈大步。

（219）跑了一阵，他又叫牲口慢下来，迈小步走。

（220）台上不但人走道迈方步，连马走道都迈方步。

（221）在成都，许多成都人尤其是中老年人都过着提鸟笼、哼川腔、穿板子鞋、迈八字步的休闲生活，年轻人的休闲项目就更多，泡茶馆、搓麻将、洗桑拿，无所不有。

（222）只见他摆动双手，迈着四方步向场中央走去，如同古代武士一样威风。

（223）徐老师迈着稳健的步子走上讲台："同学们，讲座开始。"

（224）他目不旁视，向前迈着均匀稳重的步子，走到那老同志面前，还微笑着点了点头，仿佛刚才发生的事，与他毫不相关。

（225）他像领受新的战斗任务的指挥员，迈着矫健的步伐走进钓鱼台国宾馆大厅……

（226）战士们把烫热的步枪，从这个肩上移到那个肩上，迈着沉重的脚步向前走去。

（227）他多像那迈着蹒跚的步履，满街乞讨的盲人；多像旧社会那些卖儿卖女的庄稼汉；多像那渴死在大道旁、饿死在乡野间的贫苦人！

3. 强调动作行为发出者的"迈+O"用例

（228）我们的分房原则是"齐步走"，上次迈了左脚，这次就要迈右脚，不能一顺子腿走路。

（229）又过好半天，她才摇晃着触角，迈着很细很细的长腿，大模大样地向青虫走去。

4. 表相关对象受影响义"迈+O"用例

（230）是干什么？掘坟先埋了送殡的！给朱老巩使了调虎离山计，又掀大腿迈了我个过顶。

（231）赠我一诗，发于《诗刊》，头两句是："颇忆惊心黑手篇，诗林独步迈前贤"。

（232）期颐之年终迈前贤，此非妄望。

（五）爬

1. 与处所有关的"爬+O"用例

（233）整日道貌岸然、威严不可近的老家伙们，突然变成顽童，嬉笑追逐，爬桌底，滚地板，大大地疯了个半宵。

（234）对不少自由撰稿人来说，"爬格子"是乐趣，十分看重自己的文笔，为此不惜利用业余时间自发充电。

（235）蚂蚁爬洞里去了。（引自孟琮等《汉语动词用法词典》）

（236）有些胆大的流浪儿童甚至爬货车去香港行乞，据说港人囊中稍鼓，同情心也有一定的基础。

（237）缥缥缈缈地，有一个声音传来，"你也想爬火车？跟我们一起走吧，再等一会儿，煤车就来了。"

（238）图为他们在举行狮子爬桌活动。

（239）通住房里，几十年来没让修葺、装潢过。八九十岁了，依然一步一晃爬三楼。

（240）菜这方面，可没想到儿子将来会要飞檐走壁、学鸽子睡树上、学蜘蛛爬网子啊，连我的安迪舅舅都没玩过这种把戏！

（241）深绿的是韭菜，浅绿的是小白菜，爬架的是黄瓜，那满身绿刺儿、头上顶着黄花的黄瓜，还有黑紫的海茄。

（242）刚过正月十五，金占林就离开了妻子，带着民工，冒着呼啸的寒风，踩着冰雪覆盖的山塬，挖坑栽杆，爬杆架线。

（243）小学生读了长征的故事，就会在脑海中浮现当年红军爬雪山，过草地，战胜无数艰难险阻的一系列形象。这就是想象。

（244）结业前，厂里还要组织他们爬泰山，激励青年人勇于攀登、奋发向上的精神。

（245）我们是每个月都要去爬爬山、去西湖荡舟、去曲院风荷野炊什么的。

（246）一路上，他见有老人爬台阶困难就上前搀扶，看见人力车爬坡，又去帮助推。

（247）90%的官兵掌握低空跳伞、远距离泅渡的本质，许多人擒拿格斗以一当十，爬高层建筑如履平地。

(248) 贾昌六岁时，就已敏捷过人，能够爬柱子。

2. 表结果义的"爬+O"用例

(249) 那天晚上闹新房的时候，我们扯起嗓子唱：新娘子，爬房子，爬一屁股麦芒子，新娘子叫了，新郎官笑了。

(250) "再说，咱们的新洋服也六十多块一身呢；爬一身土？不！"

(251) 一时间，地毯上白哗哗的一片茫然，无立足之地，黛二母亲全神贯注地在地毯上爬文章，黛二见了窃笑不已。

3. 表工具义的"爬+O"用例

(252) 有位北京的机关干部提出，战士们爬梯子挂旗十分不雅观。

(253) 倘若周王的卫士们果然死守宫城，那就得爬云梯登城了。

(254) "我可以爬绳子下去。"女人笑道，随即又加上了一句，"虽然已经有许多年没玩这种把戏了。"

4. 表存现义的"爬+O"用例

(255) 紫罗兰上爬着一只毛毛虫。

(256) 近年，国外豢养一种袖珍猴，小得出奇——在成人手掌上竟可爬着几只玲珑的超级小猴。

(257) 房子前面有一带凉棚，上面爬着朱藤。再前面是菜园花圃。从此他们就定居在这里了。

(258) 海龟在滨海路边伸脖探海，大海螺悄然立于傅家庄公园门口，一些路边裸露的岩石上则爬着螃蟹。

(259) 一看板壁上爬着两只蟑螂，两眼一闭，眼不见为净。

关于"爬"的一点说明：

"爬"按照《现代汉语词典》（第7版）的释义同时兼顾"水平"和"垂直"两个方向。仔细区分可以发现，这种差别其实与与之搭配的对象存在密切关联：当搭配对象为水平方向的客体时，则"爬"解读为水平方向义；当搭配对象为垂直方向的客体时，则解读为垂直方向义。也就是说，"爬"的不同意义是在与相关对象搭配而成的结构，更准确地说是构式中体现出来的，即不同方向义的解读与构式密切相关。若着眼于构式角度，"爬"的意义可以简单表述为"手脚并用往某个处所移动"，只是在特定构式中获得具体的方向义阐述。

（六）奔（bèn）

1. 与处所有关的"奔+O"用例

（260）听到这消息，王洪章当即兴高采烈地奔县城而去，一进单位，就被守候在那里的公安人员扑倒在地。

（261）于是他走出大门，不辞劳苦地奔省城，跑东北，去青岛，广揽人才，登门求教。

（262）似乎海外的一切都充满着诱惑，于是在大学生中流传着"一等学生奔欧美，二等学生跑日澳，三等学生亚非拉。"

（263）可副连长醒来后不久，又提着铁锹奔工地了。

（264）高大泉没顾多想，赶紧奔高台阶，走进北屋，轻轻地把门帘子揭开一点缝儿。

（265）很多人不知南大街在哪儿，知道者也懒得"一路堵车"奔商城。

（266）今年以来，该市又有1万多名农民自费赴温州考察学习，闯市场、奔市场的势头更猛了。

（267）好言相告，或快言应允，直换得头脸放光，乐如小姑娘状，蹀蹀躞躞奔男家。

（268）我冲于观笑着说，"他们都奔高枝儿了。"

（269）侯二朝南，黑牛往西，淘气像只小野兔一蹿老远地奔了西北。

2. 表相关对象受影响义的"奔+O"用例

（270）原上海第一冷冻机厂厂长曹渊明，1991年8月毅然辞职奔他而来。

（271）部队马上解散，执行上级指示，分兵发动群众，有亲戚的奔亲戚，没亲戚的奔朋友，实在没有出路的，跟我走！

（272）到了才知道，女儿的几个同学也撤到了这里，或奔亲戚，或父母在这里有房子。

（273）注意搜集新闻信息，一旦发现有采访价值，便驱动骏马一样的双腿直奔采访对象。

（274）由此所规定，戏迷进剧场并不是"奔剧情"，而首先是"奔演员"。

（275）当然，朱品也不会到夏书记的家里去，他认为奔领导，爬小楼梯的人都有点不怀好意，至少是一种拍马屁的行为。

3. 表方式义的"奔+O"用例

（276）但他认为，卫星天线对多数伊拉克人来说还是奢侈物，因为他们目前还在为基本的生活需求而奔命，还买不起、甚至不敢想象添置这类的高档消费品。

（277）平路还好，若要爬坡啦、上拱桥啦、翻铁路啦，够你奔命。

4. 表动机义的"奔+O"用例

（278）趁现在天气还热，早点出手好去奔秋装，要是真到了秋天再减价恐怕就卖不动了。

（279）十几年来，他们跑征地、奔贷款、忙招商，直把这些市场办得红红火火。

（280）千军万马争过独木桥，千军万马奔"白领"的现象依然存在。

（281）要奔出息，就要奔一个大出息。

（282）我去外地奔点儿货。

（283）那时候，我正参与编写一部战争史，大手笔们坐镇执毫，小喽罗们四处奔材料。

（284）搞光了我们几个倒无所谓，问题是这么吃一顿奔一顿不是事儿。

（285）许多人拉家带口，还要上夜大、奔学历的时候，他又揣着大学毕业的文凭在令人羡慕的单位里出出进进了。

（286）提出在广大农村要把计划生育工作与发展经济、帮助农民勤劳致富奔小康、建设文明幸福的家庭结合起来。

（287）小学刚刚毕业，想让女儿到厂子里找点工作，奔个前程。

（288）大伙儿指望你领着奔好日子，可不要负了大伙儿的心呵！

（七）逛

1. 与处所有关的"逛+O"用例

（289）北师大的同学在宝贵的双休日里，不是睡懒觉，不是逛马路，不是喝酒打麻将，而是"夙兴夜寐，寻事去做"。

（290）我脑子里想了很多，浮现了很多场景。我想起了回国后我父母带我逛漂亮的四环、五环路，想起了看到的雄伟建筑……

（291）她没想到会有这样的美事，单独和小蓉逛草原。

（292）假日里，伙计们都穿起西装皮鞋，逛大街，进戏院，入酒楼，他照样是粗布衫，外表显得平庸，但胸中却蕴藏着聪明睿智。

（293）春假期间，优惠清华学生，两角一张，他买了几张票，请我们全家逛颐和园，这是我这个乡下孩子第一次进入这个皇家苑囿，其印象之深，自是终生难忘。

（294）好不容易等到一个星期天，小刘才请了假，陪她们去公园玩一玩，逛逛街。

（295）据《楚天都市报》报道，荆门市档案局局长关明成不久前在逛古玩地摊时，竟发现一地摊上摆放着300多张侵华日军的军事地图。

（296）我倒是一直跑小铺、逛冷摊，总希望能有好运气，会遇见什么宝贝。

（297）四月四，老太太爱逛白塔寺。

（298）汽车到站后，我打消了逛一逛北京城的念头。

（299）这可美了她，带上个照相机，一个人逛西湖、爬泰山……大冬天的，想看哈尔滨的冰灯，存了假就走。

（300）在法国里尔，他们在一起聊天、购物、看电影、逛公园，还要举办集会、野餐和晚会等集体活动。

（301）逛叟候区的时候，得算最为幸运。

（302）由于他运算与记忆能力超人，弟弟异想天开与他大逛赌城，在赌场所向披靡，大显威风。

（303）上海人真的开始享受到"逛百家不如走一家"的便利了。

（304）在作者看来，逛妓院、纳妾、偷情，都说不上什么过失……

（305）逛书店时，有些书一看其名便知道它是哪一方面的著作。

（306）晚上曹叔只好睡在书桌上——别看他去了美国，还逛了巴黎！

（307）你喜欢吃喝，他便陪你上馆子、逛市场……

（308）刘宽领着两个孩子逛了几家商店，买些衣服和日用品，来到城南的儿童公园。

（309）听说要串亲戚，他的独生儿子明明高兴得手舞足蹈，他看见别人家父母常常带孩子逛公园，走亲戚很是羡慕。

（310）显然，这些传单并没有发生怎样的作用，因为在这里"溜达"的人们，都是专门来逛夜市的，他们的意识都集中在市摊上。

163

(311) 不说走出家门，看电影，进歌厅，下饭馆，逛庙会……

(312) 在校园招聘中最有效的途径是什么？怎样逛校园宣讲会？

2. 表结果义的"逛+O"用例

(313) 老弟，真不好意思，你对我这么热情，就实说了吧，我根本不想买空调，刚才在街上逛了一身汗，是进去吹凉的。

(314) 可是面对这一房地产"大餐"，很多市民往往是"逛了一身汗，资料没少拿，但想买的没找着"。

3. 表动机义的"逛+O"用例

(315) "修复"遗址，固然可添一处"景观"，招来一些"逛热闹"的游客，但殊不知，遗址本身就是一处很宝贵、很有意义的旅游景点。

(316) 鹿兆鹏说："那不要紧，能解开多少算多少，能记下多少算多少。要是解不开记不下一句，权当逛热闹哩！你大概还没逛过城哩？"

(317) 那些人中有个人主意多，用轿车把她和孩子拉出去玩、逛名胜。

(318) 吃完饭后，希特勒坚持要带已经疲倦不堪的朋友出去逛市容。

(319) 晚饭后，我们决定先去逛逛张家港的市容。

(320) 不少游客下了火车、轮船之后，改骑这种免费车逛市容、参观博物馆或去市中心购物，既经济又方便。

(321) 不如跟着下山去摆摆样子，喊喊号子，练练枪法，权当是去逛风景。

(322) 满足旅游者悠闲逛街景、穿胡同的需要，所以三轮车仍然具有生命力。

(323) 八七年入实胜寺以来，召乌力吉以念经、抄经为乐事，六年来，没有逛过沈阳街景。

(324) 除了马家甫老人，景志刚和工商所的干部还数年如一日，照顾市场周围的15个孤老户、残疾困难户、烈军属，冬送温暖，夏送清凉，捐资为15户人家买年货，陪同他们逛津门新景。

(325) 塞巴斯蒂安娜充满自豪地向我们介绍，马上邀请我们去逛逛布拉加的夜景。

(326) 夏季逛冰灯是不是有点新鲜？

（八）退

1. 与处所有关的"退+O"用例

（327）退张各庄。（梦琮等《汉语动词用法词典》）

（328）退山头上。（梦琮等《汉语动词用法词典》）

（329）菲公务船射杀台渔民，措施现效果：有人已退旅游团。（http：//v. haiwainet. cn/GB/n/2013/0516/c346111 - 18673500. html）

（330）带人的，你入队伍后，交钱给他，然后他就退队伍了，这种有点难防。（http：//game. people. com. cn/GB/48644/48666/15347867. html）

（331）后来等真的退了役，突然感觉除了足球外，自己在社会经验等方面几乎是零。

2. 表受影响义的"退+O"用例

（332）毛主席发表了一条消息"傅作义准备突袭石家庄"，正所谓妙笔退敌军，唱起了"空城计"。

（333）兵书上说："兵不厌诈"，诸葛亮就用"空城计"巧退司马懿大军。

3. 表消失义的"退+O"用例

（334）在上横档最难忘的一件事，是在退海潮时游泳堕入深水，几乎淹死，同连的同学周子劲将我救起。

（335）药物的消炎、退肿、清热、止痛的药理作用。

（九）逃

1. 与处所有关的"逃+O"用例

（336）男子杀人逃国外，18年后在政策感召下回国自首。

（337）他偷偷穿马克思的外衣，带着老婆一群，偷了毛主席家的三只鸡，逃苏联。

（338）这两年，老太太和当年逃台的一个小叔子接上了头，又送了一个儿子去日本打工，手头活络了。

（339）你把他读读看，是个什么结果，就是逃家，而那位是脱离家庭的呵护，离家独立谋生，这两个词就不一样。

（340）我们也知道他们会逃哪去，当然是回到朋友身边。

（341）帮助他人销售假冒上海大众汽车配件和转移赃款的靳连芳，也难逃法网，这次被判处有期徒刑一年零六个月，并处罚金5000元。

2. 表消失义的"逃+O"用例

（342）他们那边逃了一个兵……

（343）监狱里逃了一个犯人。

（344）保证在氯气泄漏地区三个看守所在押人员的安全，做到不伤、不亡、不逃一人。

（345）王均化喊了声：打！手榴弹就随着出去，打死两个，逃了一个。

（346）敌人摸不着头脑，慌乱的只顾逃命，民伕们趁机又逃了十多个。

（347）可是义军与官兵不同，官兵一千人只是一千人，动不动还要逃跑一些……

（348）这个地区里，大部分住的是德国人，虽然已经逃跑了几百万，还有许多留在后面。

3. 表动机义的"逃+O"用例

（349）老百姓常常挨饿，许多人为了逃饥荒跑到了农村。

（350）为了逃灾难，我换了ID。（http：//tieba.baidu.com/p/2653531898）

（351）据业内专家分析，高达1000万台的历史库存令2004年的空调业难逃灾难，全行业面临新一轮的大洗牌。（http：//www.people.com.cn/GB/jingji/1038/2408253.html）

（352）男子为拒绝还母亲房子和10万元钱，与妻子假离婚逃债务。（http：//house.people.com.cn/n/2014/0722/c164220-25318704.html）

（353）"我带你逃活命去吧！"

（354）领上孩子出去逃个活命吧！

（355）我和书店同事们一商量，与其等在市里"抽壮丁"，不如到外地去"逃壮丁"。

（356）一有警报人们就都跑到城外的山野里躲避，叫作"逃警报"。

（357）上世纪80年代，贫穷的王广义逃火车票跑到北京，没地方住，也曾在周国平（微博）家住过几次，而中央美术学院美术史的办公室更是其常住地点。

（358）一些网友将自己的逃票经历写成心得，专门教旅游者如何逃门票、

逃车票等。(http：//cppcc.people.com.cn/GB/45853/4895049.html)

(359) 面对汉军，项羽自知难逃厄运，激发了项羽举世的英勇……(http：//hb.people.com.cn/n/2015/0315/c192237-24161768.html)

(十) 滑

1. 与处所有关的"滑+O"用例

(360) 保罗也想试着滑旱冰，但我们只允许他把旱冰鞋套在手上爬着玩。

(361) 于是，我们为她买了旱冰鞋。由于会滑水冰，她没有学，旱冰就滑得很好。

2. 表结果义的"滑+O"用例

(362) 我俩轻捷地落地后，滑了个大弧形。

(363) 忽然一天，母老虎在雨后滑了个跟头，栽成了半身不遂，烂死在炕上。

(364) 脚上的皮鞋，锃光瓦亮，恐怕苍蝇落到上面，也得滑个跟头扭伤胯骨。

(365) 小张滑了个第一名。(谭景春《"动+结果宾语"及相关句式》)

3. 凸显动作行为发出者的"滑+O"用例

(366) 主要是在河边戴花探身照水里的人影，滑了脚，赶快倒脚撑住了身体，借倒脚翻个身才站稳了。

(367) 做木匠修房子，常常拿自己性命来拼。一个不当心在上面滑了脚，跌下来，不跌成肉酱，也会得一辈子的残疾。

(368) 二婶一听，就往回走，拄了拐杖到了巷口，一疙瘩猪粪滑了脚，跌在地上就哭起来。

(369) 当心给鬼掩了眼睛，不留神滑了脚，或是失手掉下了砖，打在下面一个底头上，打出了脑浆，打折了腿和臂，咦！

(十一) 钻

1. 与处所有关的"钻+O"用例

(370) 作战部队反映大盖帽不便于爬山、钻林子，周恩来立即指示改换解放帽。

(371) 供销人员，到山西的大同、潞安、晋城、西山等矿务局，下矿井，钻巷道，仔细调查他们厂生产的"AM—500"采煤机的运转情况。

(372) 当时八路军是穷人的队伍，吃小米包谷，穿粗布草鞋，整天打仗钻山沟，苦得很！愿意参加八路军的留学生委实如凤毛麟角。

(373) ……我在梦中常遇难堪。爬不上去的山呐，拔不出腿的泥淖哇，到处是垃圾的路啊，再不就钻隧道；又黑又长、又黑又长……

(374) 哪里最艰苦最危险最急迫，他准第一个上。钻地沟，由于地下空气稀薄随时可能被窒息，他总是爬在前面。

(375) 铁十五局副总指挥陈述友，天天钻山洞，多次晕倒在洞子里。

(376) 单立人对胖服务员说，"也不一定非钻窗户。我见过你所谓一丝不苟工作的情景，那就是聊天、织毛衣和愣神儿，从你眼皮底下溜过去个把人很容易。"

(377) 眼看孩子们个个都长大了，4个男孩像4个小马驹，出去一身土，回来两脚泥，钻羊圈，混牛群，骑马摔跤……

(378) 一对大龄情侣颇有感触地说："因为住房问题一时解决不了，家里又总不是个约会的地方，我们平时约会大都是钻公园……"

(379) 陶莉莉踉跄着站起，方波欲扶不能，自己失去重心钻桌子底下。

(380) 去饭店打工、钻棚子录带子、写流行歌曲、电视剧音乐等，成为收入可观的第二职业。

(381) 驯兽员阿姨唤来那条黑脑袋黄身子的狗，指挥着它钻罗圈，阿姨伸三个手指头，它就"汪汪汪！"

(382) 新班子的思路很清晰：钻缝隙、走冷门，搞投资最少见效最快。

(383) 偶然卷过来的晚风，直钻脖颈，让珊珊打了个寒噤……

(384) 绿头蝇一群一疙瘩的，嗡嗡营营，搅和了属于晒鱼场的特殊的腥臭气，赶不走，压不住，四散弥漫，直钻鼻孔。

(385) 鳄鱼一看，到了节骨眼儿的时候，小老鼠害怕了，他就赶紧喊："钻耳朵，钻到他耳朵里去呀！"

(386) 为此，他不得不花很长时间钻图书馆，收集有关明紫檀直棖架格的资料。

(387) 在人群中观察各不相同的种种表现，对于那种跨进门来就东窥西瞟，钻人堆，找空子，很快暴露出可疑形迹的人。

附 录

（388）人在不开心的时候，容易钻牛角尖。

（389）有的单位为了达到某种目的，不走正道钻邪门，拿着礼物当"敲门砖"，暗地里搞权钱交易。

（390）在西方科学方法给人们打开了一个新世界，到中国却被用来钻故纸堆……

（391）然而，尽管人们想方设法来消灭和防御病菌，狡猾的病菌总要钻空子，找我们的麻烦。

（392）然而有了专利，某些企业仍然会钻法律空子，制造不至于侵害专利权的产品来。

（393）为了做官得差或升官保位，他们见风使舵，逢迎拍马，到处钻门子，走内线，找朋友，拜老师，买人情，做手脚，以至伪造证件。

2. 凸显动作行为发出者的"钻＋O"用例

（394）白天走的是连一点路迹都没有的沙漠，晚上住的是既透风又钻黄沙的帐篷。

（395）家里的窗户都破了，没钱修补，不时地往屋里钻刺骨的寒风。

（十二）转

1. 与处所有关的"转＋O"用例

（396）毛泽东充满信心地说，"我们从浏阳撤下来，沿着罗霄山脉转了好多地方，原想到湘南同郭亮的两个团汇合，找个大山头，在边界的农村同国民党进行武装割据。"

（397）（郭力华）吃完饭又马上领着这位博士转菜市场、水果摊，热情地给他介绍海南绿色食品。

（398）"这不，这两天我们又成了'街游子'，成天转商场，逛商城，却不买一分钱的东西。"

（399）事后，新娘眼含热泪说："结婚是一辈子的大事，我多想让他陪我转转商场，好好把房子装修装修啊！可看到他为了工作精疲力尽的样子，我哪里还忍心啊！"

（400）记者随着熙熙攘攘的顾客转了四大商场，摘录了几个小镜头。

2. 表方式义的"转＋O"用例

（401）因此，他们绕来绕去，穿过了无数个楼台亭榭，却仍是在原地转

169

圈子。

（402）一个休息日，妻子回家时发现他一个人在客厅里不停地转圆圈，惊讶地问："你这是在干什么？"

（403）但一个人活了一辈子，若没个老友，光围着老伴，数着老钱，见天在老宅子里转弯子，意思大吗？

（404）他心眼儿多，说话爱转弯子。[《现代汉语词典》（第7版）]

（十三）溜（liū）

1. 与处所有关的"溜+O"用例

（405）据报道，某县效能办开展机关作风建设明察暗访，发现个别单位干部上班溜岗办私事。（http：//cpc.people.com.cn/n/2014/0810/c87228-25436410.html）

（406）"严"则需规矩，无规矩不成方圆，两会期间规定公共场所禁止吸烟、刷代表证用餐防代表"溜会"等，都是两会期间对代表作出的"律己"规定。（http：//qzlx.people.com.cn/n/2014/0313/c364918-24628912.html）

（407）但他的学生却从不缺课，不像其他课，老师点名后，居然还有人乘机溜课。

（408）学生溜堂又旷课，吊儿郎当不用功，赶着时髦学下海，舍去本行逐其末。

（409）"你想溜，溜哪儿去？"

（410）他们俩没事了，溜场下去了。

2. 表消失义的"溜+O"用例

（411）卓尔"难兄难弟"又溜了一个，保级球队只剩下三家。

（412）可一细想，心里溜魂了，这丫头能行？

（413）对于摔倒的原因，女司机告诉记者，女子称当时自己溜神儿了，等反应过来才匆忙下车，前面的人太多，慌乱中踩空了。（http：//dl.sohu.com/20130514/n375806465.shtml）

（十四）跨

1. 与处所有关的"跨+O"用例

（414）把冲锋枪懒懒地一提，拖着沉重的步子往外走，刚一跨门坎，他马上蓦一转身，回头气汹汹地对着陈振仪、李鸿义斥责道。

（415）新娘<u>跨门槛</u>时，新郎用尺子在她头上打三下，表示权威。

（416）我们穿草地<u>跨小桥</u>，踩过如锦的花坛。

（417）只记得中间要过一道桥，还要<u>跨一条铁路</u>。

（418）例如，大面积砍伐森林，<u>跨流域</u>调水，上游修筑水库、改变原来河流的流量，大气污染，等等。

（419）最南端在北纬4°附近的曾母暗沙，南北相距5500多千米，<u>跨纬度</u>近50度。

（420）这一项目是中国第一个<u>跨省区</u>、<u>跨行业</u>、综合性的扶贫开发项目，也是迄今为止利用外资规模最大的扶贫项目。

（421）有的人甚至<u>跨单位</u>替班，不但给一些企业的保卫工作带来困难，而且常因设备性能不同造成事故。

（422）自然资源委员会、社会技术体制委员会和人类资源委员会，负责处理<u>跨学科</u>的全国性重大课题。

（423）由摄影机和录音机真实记录的湘西少数民族音乐，与交响乐队形成<u>跨时空</u>"对话"。

（424）有相密先要住相修习，等相修成功后，再把相化空，才能见性，比我们多<u>跨了一道门槛</u>。

（425）中老边界500公里，中越边界710公里，<u>跨27个县（市）</u>和13个民族。

（426）随着阿拉伯半岛的统一，发展为全半岛的统治宗教，八世纪初发展为<u>跨欧、亚、非三洲</u>的世界性宗教。

（427）跳台阶、<u>跨障碍</u>、助跑摸高、倒立等，从改变她的身体素质入手，全面提高她的奔跑速度、力量柔韧能力。

2. 表时间义的"跨+O"用例

（428）中国已经把合理开发利用与保护海洋资源和环境列入<u>跨世纪</u>的国民经济和社会发展总体规划之中……

（429）我以为，它不仅是指年龄上<u>跨世纪</u>，还需要在思想理论水平和品德作风上能够跨世纪。

（430）北京市政协将逐步完善提案办复长效追踪机制，实现提案办复<u>跨年度</u>追踪，直到委员所提提案得到政府部门切实落实为止。

(431) 比较学, 跨朝代, 巴金之《家》联想开。冯乐山可似张员外, 鸣凤金莲同悲哀。

（十五）奔（bēn）

1. 与处所有关的"奔+O"用例

(432) 但5月一过, 便又各奔东西。

(433) 踏平坎坷奔大道。

(434) 她望了望低垂在西边松林里的夕阳, 担心天黑以前赶不到家了, 就断然放弃去供销社逛逛的计划, 从后街直穿麦田, 快步奔小路上山。

(435) 饲罢春蚕又饲秋, 一年生计此中求, 胡林更比蚕桑广, 何必经商奔码头。

(436) 打橘子的人当然也是一样, 各人奔着各人的道儿, 都忙忙碌碌地赶着中年的生活去, 不知道还想得起这回事吗？

(437) 他先是每日下班沿街寻找, 后是用星期天奔大商场。

(438) 几个"把戏"更是缠着他奔前跑后。

2. 表动机义的"奔+O"用例

(439) 可今天, 不仅我们的歌星为出场费频频赶场, 就是我们的词曲作者也一样, 为数不尽的晚会奔命。

(440) 张克辉在机场对记者说, 台湾是我的第一故乡, 几十年没回去了, 这次回去不是探亲, 而是奔丧, 心情十分复杂, 感慨万千。

（十六）穿

1. 与处所有关的"穿+O"用例

(441) 他的随从官员及中方接待部门都劝他改换日期, 但他拒绝了, 硬是穿马路, 过地道, 斜插天安门广场, 一路小跑, 赶在节目开演之前到达。

(442) 我们穿草地跨小桥, 踩过如锦的花坛, 撞得竹林摇曳作响, 沿着园中甬路跑出公园大门, 消失在熙熙攘攘的街头。

(443) 或者毋宁说, 当记者巡行在市民群众身边, 穿街巷, 走里弄, 访居民, 问冷暖的同时, 本身不就在创作着最好的新闻作品？

(444) 马林生灰溜溜地穿胡同回到了家。

（445）数万名筑路大军，顶烈日、战严寒、穿沙漠、越戈壁，打通天山山脉，跨越达坂沼泽，仅用两年时间就保质保量地完成了这条长达1622公里的铁路复线，创造了我国铁路建设史上又一奇迹。

（446）因为她心里也明白，这家也是一天半天走不回去的，不到万不得已，这钱不能花，所以她更不敢住店，困了就在人家的屋檐下、柴禾垛睡一觉，她走大路，也穿庄稼地。

（447）无论如何不至于像打日寇、打蒋匪、抗美援朝，像穿枪林过弹雨、抛头颅洒热血那么大。

（448）水族馆的长堤似刚刚出土的楚王宝剑，直穿晨雾夕波，挑起的却不是敌将的兜鍪，而是造型别致、可与悉尼蚌壳式剧院媲美的水族乐园。

2. 凸显动作行为发出者的"穿+O"用例

（449）荒年里，母亲饿死在四面穿风的破屋子里。

（450）就连深入赣南采访的某权威媒体的记者，在亲眼目睹乡村学校孩子们吃冷饭、睡地铺，教室桌椅破烂残缺、墙上窗户穿风透雨的场景之后，尽管心里充满同情，但对于是否进行报道，起初同样心怀忐忑。

（十七）越

1. 与处所有关的"越+O"用例

（451）120头警犬穿火圈，跃障碍，跳人墙，越断桥，更是让人叹为观止。

（452）它守备了数百里河防，但因前方部队的英勇作战敌人还不敢越河进攻。

（453）他徒步从江苏出发，途经浙江、江西、湖南，然后走广西，越贵州，到达云南与缅甸交界处的少数民族聚居区。

（454）为了争夺本团伙的利益，往往主动出击，甚至有的农村犯罪团伙与城市的流氓恶势力、犯罪集团等相勾结，跨城乡，越乡镇，大范围跳跃，疯狂作案。

（455）合芜高速公路位于安徽省中部，路线傍临巢湖之滨、跨沿江圩区、越长江天堑，全长八十八公里，总投资五点四二亿元人民币。

（456）两位老人从北京到西安，到蓝田，又越秦岭，过巴山，到成都。

(457) 其父得知情况后，四处筹钱，只身一人走小道、越国境前往缅甸老街赎人。(http://ah.people.com.cn/GB/n/2013/0910/c338653-19498355.html)

(458) 保安、志愿人员也个个如临大敌，不得越雷池半步，稍有不慎，便可能招致不愉快的口角。

(459) 配置方面，长城汽车一直以越级别的丰富装备著称，长城 M4 自然也不例外。

(460) 善抓敢管，不越权位。

(461) 走访慰问工作是党和政府密切联系群众的一条很好的途径，有关部门要建立完善走访慰问的长效机制和监督检查机制，确保走访走对地方、慰问问出实效，不出偏差，不越轨道。

2. 表时间义的"越+O"用例

(462) 小鸳鸯成长很快，到了深秋，在北方出生的小鸳鸯便能跟随鸳鸯大群一起南下越冬了。

(463)（诗人佩斯）1959 年《年代纪》发表。越年获诺贝尔奖，发表《群鸟》。1975 年诗人以 88 岁高龄谢世。

（十八）奔走

1. 与处所有关的"奔走+O"用例

(464) 人武部长还让金春明挽起裤腿，露出那长年奔走山路练就的大腿肌肉。

(465) 记者问起刘鏊龄先生，究竟是什么动力使他无偿地、不知疲倦地奔走各地，为振兴祖国经济建设牵线搭桥？

(466) 更有相当一批人在为这一设想的兑现奔走海外……

(467)（孙越崎）在耄耋之年，仍奔走四方，深入开展调查研究，提出了许多真知灼见。

(468) 古代叫作"说客"的政客，奔走各国，凭着口才劝说君主采纳他的政治主张，叫作游说。

(469) 今天他们演的，是双阳公主离国撇家，奔走岭南，救助被宋王发配岭南的夫君狄青折。

(470) 他性急，生长在沿海省份并不善于弄潮，下船必晕，宁肯奔走黄尘道路，早早口含烟斗扮成学院派文人学士相。

（471）暑风袭卫，头痛恶风，身热自汗，面垢齿燥，胸闷心烦，溺黄短涩，舌白尖黄，脉由滑数，多由<u>奔走长途</u>，或劳力田间，冒暑而发。

（472）范徐丽泰与丈夫恩爱有加，为了陪伴丈夫走过人生的最后一程，除了立法会活动外，她最近经常<u>奔走香港和北京两地</u>。

（473）第二段是让周韵饰演的大帅女儿爱上马走日，救这个杀人犯（选美冠军死在了他的车上）出狱，要跟他<u>奔走天涯</u>。

（474）红娘子忽然眼圈儿一红，几乎流出眼泪，轻轻地叹口气说："我起小失去父母，从师学艺，受够了打骂；学艺成名，<u>奔走江湖</u>，受尽了欺侮……"

（475）孙俊英、王镯子，叫上冯寡妇，嘴不合唇，脚不停步，<u>奔走人家</u>，喷出恶毒的谣言。

（476）谣言尽管如此，汽车顶棚上也都坐满了人，人们似乎像逃出魔窟一样匆促<u>奔走他乡</u>。

（477）参加了全国《残疾人保障法》的立法调研，天南地北，实地<u>奔走11个城市</u>，直接、间接调查访问1万多人。

（478）田耀武一贯对这些活动没有兴趣，他积极<u>奔走官场</u>，可也没得攀缘上去，考试完了，只好先回家里来。

（479）他的离众孤立，在他看来，是必需的；正如他表面上是力求从众，<u>奔走高门</u>，也是必需一样。

2. 表动机义的"奔走+O"用例

（480）人们积年累月，<u>奔走衣食</u>，贫困不堪言。

（481）清代士人<u>奔走衣食</u>，浸淫于"学而优则仕"的世风，而不少学者仍有自己的人生信念和精神追求。（http：//theory.people.com.cn/GB/49157/49165/4844888.html）

（482）端哥是有家室的人，他连年<u>奔走国事</u>，连自己的妻室都无法照顾，哪有闲工夫来闹这些儿女私情。

（483）我们民盟的一个传统，就是<u>奔走国事</u>，关注民生。

（484）（闻一多）数月以来，<u>奔走剧务</u>，昼夜不分，餐寝无暇，卒底于成。

(十九) 奔跑

1. 与处所有关的"奔跑+O"用例

（485）主顾最多的大约是本地小土娼，因为奔跑两处，必需以车代步，不然真不免夜行多露，跋涉为劳。

（486）你知道其中幸福秘密的时候，除了感叹她可以从幸福之中抽离奔跑各地宣传该有多么"伟大"，自然不忍心再责备她慵懒的调皮。

（487）火炬传递队伍手举十运会火炬奔跑上海口世纪大桥。（http：//hi.people.com.cn/2005/09/03/187527.html）

（488）吉田先生表示，自己除了日常工作外，平时还会到街头进行宣传以及奔跑各地政府机构请愿，尽管自己背负着较大的负担，但是仍会一直坚持下去。

2. 表存现义的"奔跑+O"用例

（489）北京体育馆路东四块玉田径场，奔跑着一群"怀揣残疾证，袋装救心丹"的教练。

（490）没有马鸣，没有旗帜，没有刀枪，没有行列，只在一片热沙上奔跑着无数的裸体猫人，个个似因惊惧而近乎发狂……

（491）西安市的一间实验室里，奔跑着八只非常珍贵的小鼠，它们是运用基因剔除技术培育出来的"基因剔除小鼠"。

（492）如今，在丹阳人修建的公路上，奔跑着6辆壮族农民们自购的小轿车，256辆摩托车，42辆多功能农用车……

（493）乡间道路上奔跑着汽车、拖拉机；绿树环绕的凯松小学，传来一阵阵朗朗的读书声。

（494）唯一的亮点是满街奔跑着昂贵的皮卡越野车。

(二十) 逃走

1. 与处所有关的"逃走+O"用例

（495）正准备逃走西安时，老总管进来吓得浑身哆嗦，跪在老祖宗跟前，嘴里喊着。

（496）工会被解散，组织该会的主动人——我的父亲，被驱逐逃走广东了。

2. 表消失义的"逃走+O"用例

(497) 仅1978年就逃走1000人!

(498) 很难说包围圈里还有多少敌人,逃走了多少人。

(499) 这一伙人把他推倒在地,并用鞭子打他的头,他盛怒之下,把他们全杀了,只逃走一个护卫。

(500) 如果秦府丢了一匹马、一件古董,甚至逃走了一个侍女或一名仆人呢?

(501) 可是今晚倘若逃走了福王,这不是一件小事。

(502) 可是咱们这么一放宽,那个该杀的张鼎延第二天就混出城去逃走了一条狗命。

(503) 他们这样的冲,乡兵自然不能完全阻牢他们,结果终于给他们逃走了五个人。

(504) 史无前例的大乱子啊,谁听了都得吓一跳——大风雪之夜,驻军逃走了十分之一,居民陡增了百分之五十。

(505) 我大军一到,围歼战立即开始,共军休想逃走一个。

(二十一) 逃跑

1. 与处所有关的"逃跑+O"用例

(506) 这一事件调查结束后,又转向对5个人逃跑广州的调查。

(507) 1989年,毛阿敏从天堂迈入了地狱。因逃税风波,遭遇前所未有的危机,而男友张勇不但不帮助退还脏款,反而挟带她所有的钱财逃跑国外。(http://finance.people.com.cn/money/GB/n/2012/0821/c42877-18794566.html)

(508) 知情人透露,郭(远峰)疑似炒股失败,资金周转困难才导致逃跑国外。(http://finance.people.com.cn/GB/7517416.html)

2. 表消失义的"逃跑+O"用例

(509) 在到王官庄的路上,逃跑了十几个伪军。

(510) 不料一夜之间,竟逃跑五个,只留一个有家眷在常德的没有跑……

(511) 这个地区里,大部分住的是德国人,虽然已经逃跑了几百万,还

· 177 ·

有许多留在后面。我们怎样来处置他们？

(512) 可是义军与官兵不同，官兵一千人只是一千人，动不动还要<u>逃跑一些</u>。

（二十二）倒退

表结果义的"倒退+O"用例

(513) 秦义方<u>倒退了几个踉跄</u>，气得干噎，他把手杖在地上狠狠顿了两下……

(514) 我的学习成绩由此受到了致命的影响，一下子由全班前几名<u>倒退了十几个名次</u>。

(515) 中国队虽然仍跻身50强，但名次较上月<u>倒退一位</u>。

（二十三）后退

表结果义的"后退+O"用例

(516) 这次他的数学成绩<u>后退了十几个名次</u>。

(517) 近年经济发展速度却很慢，4年间，在全省经济发展排名中，<u>后退了35位</u>。

(518) 这些变动是以南非的兰德矿山公司<u>后退三位</u>为代价的，尽管它的产量只减少了2吨。

（二十四）前进

表结果义的"前进+O"用例

(519) 其余各大洲也有进步神速的球队。匈牙利队<u>前进7名</u>至第67位，海地队上升8名至第86位，塞浦路斯队也<u>前进7名</u>至第92位。

(520) 比上个月的第65名小有进步，而刚刚夺得欧锦赛冠军的希腊队则<u>前进了21名</u>，跃升至第14位。

(521) 县人均国民生产总值，阜平要接近全区中等水平，唐县要在全省每年<u>前进三到五个位次</u>。

附录2　垂直方向类足部位移不及物带宾构式用例

(二十五) 跳

1. 与处所有关的"跳+O"用例

(522) 另一方面注重抓她的基础技术训练，跳台阶、跨障碍、助跑摸高、倒立等等。

(523) 你看跳远，可能学生一辈子都用不上。但如果换成跳水沟，不就很常用了吗？

(524) 邱少云在当天下午被敌人的燃烧弹打着了，他后面是一个水沟，如果他跳水沟就能把火扑灭，但是三九一高地居高临下，敌人看得会很清楚。

(525) 我以为是有人跳河里了，和包工头就冲过去。

(526) 环境保护专家想起了日本水俣市的"狂猫跳海事件"，许多猫由于水银中毒而发狂，竟然集体跳海自杀。

(527) 部队休整的时候，他也带将士穿着铁甲冲山坡，跳壕沟，要求像打仗时一样严格。

(528) 歹徒将要行凶杀人的时候……都需要见义勇为，置个人安危而不顾，跳激流，冲火海，闯危房，斗歹徒，帮助别人脱离险境。

(529) 先跳桌角，可以用双手撑桌面，双腿一跃而过。

(530) 有人喜欢看狮子跳火圈，狗作算学，老虎翻跟头，觉得有趣。

(531) 而跳单位，成了贬词，是不安分的象征。

(532) 私自开阀放油犯法，我不能自己跳火坑。

2. 表工具义的"跳+O"用例

(533) 我学会了滑雪，又可以跳降落伞了，并用了三个夏季环游世界。

(534) 在"跳大绳"环节中关晓彤、白举纲变成孩子王，组织了十几个韩国小学生跳大绳……

（535）春天海棠开花的时候，小方子和她同班的女孩子们边唱边玩<u>跳皮筋</u>。

（536）男女初次相好多是赶场时，或迎神赛会之际，尤其是仲春<u>跳花灯</u>，八月半跳月的时期……

3. 表方式义的"跳+O"用例

（537）他身高只有1.66米，人也瘦小，但从房顶上跳过去的时候身手敏捷，像在平地上<u>跳三级跳</u>一样。

（538）小猴就去找孔雀姑娘，孔雀姑娘说："好吧，我就<u>跳一个'开屏舞'</u>吧！"

（539）舞会上，老板黄士明请我<u>跳了一曲华尔兹</u>。

（540）当接近满腹是卵的雌鱼之后，雄鱼便<u>跳着"之"字形的舞蹈</u>。

（541）我们的特长在于<u>跳秧歌</u>，如果用华尔兹的音乐伴奏，我们的秧歌就不伦不类。

（542）在做家事时，我常放CD，一边听，一边工作，连擦地板都变得像<u>跳韵律操</u>。

（543）羌族舞蹈以锅庄"<u>跳沙朗</u>"最流行，传统的祭礼风俗舞"<u>跳盔甲</u>"，富有浓郁的民族风格，羌笛是深受羌族人民喜爱的乐器。

（544）福州仍叫"打夜狐"，江浙称为"<u>跳灶王</u>"，或"<u>跳钟馗</u>"，乞丐装作灶王或钟馗。

（545）传统的狮子、高跷以及民俗彩车展示、旧北京市井小贩、年节的<u>跳财神</u>表演也将穿插于新厂甸之中。

（546）不少农户家中有人生病不去求医，而是请神汉巫婆<u>跳大神</u>、烧香拜佛，白白花去自己赚来的血汗钱。

（547）最难忘巴塘丰收之夜，他与藏民围成圆圈<u>跳弦子</u>，舞锅庄，同吃一锅牛肉，同喝一碗奶茶。

（548）她并不满足于获奖，总说："我还想<u>跳大舞剧的主角</u>！"

（549）两手在头上捧着一支棒似的蛇头的蛇精，其次是套了黄布衣<u>跳老虎</u>。

（550）他是个初学者，但是很能理解斯葛特的舞蹈，并且乐意同他在大奖赛上<u>跳新步法</u>。

（551）天天弹洋琴，唱洋歌，什么116375啦，还要<u>跳洋把戏</u>啦，嘻嘻哈哈的。

4. 表存现义的"跳+O"用例

(552) 战友的心<u>跳着一个旋律</u>，共鸣着。

(553) 草叶上<u>跳了一只蚂蚱</u>。

(554) 他说："那条线路<u>跳了闸</u>、断了电，心里就难受，总是对用户有一种愧疚感。"

5. 表动机义的"跳+O"用例

(555) 左眼<u>跳财</u>，右眼<u>跳灾</u>，如果左右眼皮一起跳呢？

(556) 是丫鬟也好，小丑也罢，总要演个痛快，<u>跳个开心</u>。

(557) 跳舞就是要<u>跳个时尚</u>。

（二十六）蹦

1. 与处所有关的"蹦+O"用例

(558) 儿子带着几个小朋友<u>蹦水沟</u>，结果一头就栽那里了。（http：//blog.sina.com.cn/s/blog_ 4a84a2660100e913.html）

(559) 但有一次我在大道上走的好好的，一条蛇突然窜出来咬我，吓得我<u>蹦树上</u>去了，它当然没咬着。（http：//www.silukee.com/ny10561/6240823.html）

(560) 老虎左边来，它往左边跑，<u>蹦人家嘴里头</u>去了，它不就没命了，怎么样判断这个方位距离呢？

(561) 她战略上是癞蛤蟆想吃天鹅肉，战术上却只会癞蛤蟆<u>蹦脚面</u>——咬不着人，却让人恶心。

(562) 经济总量全省第一，在全国也数前17位，去年一年就<u>蹦了四个台阶</u>。

2. 表时间义的"蹦+O"用例

(563) 第二次世界大战硝烟正浓，四五年的时间里，德国被封锁，普通人<u>蹦日子</u>极难熬，终日肌肠，不但黄油和肉几乎绝迹，面包和土豆也仅够每天需要量的三分之一和四分之一。

3. 表结果义的"蹦+O"用例

(564) 剑波听了这些话，乐得<u>蹦了一个高</u>，差一点嚷出来。

(565) 1992年在小平南巡谈话精神指引下，实现连续三次增产，一步蹦了一个高。

4. 表方式义的"蹦+O"用例

(566) 我们异口同声地讨伐交谊舞的种种可恶之处，又异口同声地说我喜欢踩着杰克逊的音乐蹦迪斯科。

(567) 我在舞厅里待上一夜，只在尾声奏响时不管什么曲子都蹦它——蹦迪斯科。

5. 表存现义的"蹦+O"用例

(568) 歌舞厅4时30分左右散场，"的哥"眼巴巴地盯着大堂门里向外"蹦"小姐，送她们回家。

(569) 别的孩子跑了一段路，站住回头看，并且信口唱着《摔西瓜》：蹦了一对螃蟹跑了一对虾，摔坏大西瓜，嗳呀，嗳呀。

(570) 池塘里蹦了几只蛤蟆。

(571) 他没想到，金秀突然翻身跳了起来，眼睛里蹦着泪珠，朝他吼道："你还我儿子！……还我儿子！……"

(572) 老婆婆撇撇嘴说：什么天伦之乐，我听人家说是天伦之累。老婆婆嘴上还蹦新词儿。

(573) 索性请小周拍广告，没事在电视上叉几下手指蹦一会，结尾把头突然往镜头前一伸，阴阴的从牙缝里蹦几个字：你想干什么？

(二十七) 攀

1. 与处所有关的"攀+O"用例

(574) 带着我邀游五湖四海，走遍大江南北，回祖国去攀长城、上黄山、游西湖、观秦俑、看故宫……

(575) 广州市、上海市、吉林市、南京市、乌鲁木齐市以及海南省等将分别举办登电视塔、登山滑雪、纵走、攀椰子树等群众性健身活动。

(576) 在西藏林芝拍摄《演兵大峡谷》，他扛着机器和战士一起攀悬崖，下河谷。

(577) 黎子流在深圳市委书记厉有为的率领下，越秦岭、攀蜀道、入沈阳、赴大连，试图拓宽西北、西南和东北的市场之门。

(578) 于是，他们又在一个夜晚，翻铁门，攀阳台，窜入学校的电化教室，聚在一起举行结拜仪式。

(579) 副会长、常务会董一同举杯，祝愿香港经济界和衷共济，推动经济再攀高峰。

(580) 在林夕宝董事长的带领下，全体师生员工自强不息，艰苦创业，立鸿鹄之志，谋发展之策，育栋梁之才，攀科学高峰，谱写出一曲激昂奋进的乐章！

(581) 一汽"创精益式工厂"活动正在向深度和广度进军，使现代化管理逐攀新台阶。

(582) 以突破学生的极限为代价，犹如"赶鸭子上架"似的，强迫学生攀"书山"、下"题海"。

(583) 我想中国熟练英语的大学生，不在少数，但是都想攀高门，没听说有大学毕业生到幼儿园当老师的。

(584) 可能放在如今，为了工作前途弃旧爱攀高枝的人也并不是稀有动物，但怎么让人记住的偏偏只有陈世美一个？

2. 表相关对象受影响义"攀+O"用例

(585) 紧接着，钱江晚报和55家企业联手，开展关心、帮助贫困人家的"攀穷亲"活动，把贫困户当作长期扶持对象。

(586) 做有心人，攀穷亲戚是吴天祥多年坚持的事情。

(587) 有些人崇洋媚外，以当洋奴为荣，设法攀"洋亲戚"，不惜出卖国格、人格，难道是因为他们生活过不下去吗？

(588) 他平等待人、以诚相见，对晚辈尤为热情，但并不表现在表面上，有时反而显得"冷漠"，加之他"不攀领导"（这是他在《回忆录》《自序》中的话），所以一开始人们还觉得他有点"怪"。

(589) 不攀"大款"，多结"穷亲"，新密市委转变作风多办实事。

(590) 他创作了一个小题材电影剧本《他爱谁》，写的是一位"风"派人物在"文革"中利用谈恋爱作为往上爬的手段，专攀当权者的女儿，朝秦暮楚，最后遭到生活的嘲弄。

3. 表动机义的"攀+O"用例

(591) 故而，能被邀请来这个盛会的财经集团代表，无不脸上贴金，像吃了二颗定心丸儿似的，可以肆意地顾盼自豪，从而趁机跟在场那起等级齐量的财阀<u>攀</u>关系、谈交易，一派的喜气洋洋。

（592）这种用人上的不良导向使相当一些年轻干部不愿深入实际，而是热衷于与领导<u>攀</u>关系，套交情，甚至用公款给领导送礼。

（593）倘若有人乐于向人家<u>攀</u>近乎，妄言中国绘画艺术落后的论调，不能认为是实事求是的态度。

（594）"偷我头上一个'乃'，还来和我<u>攀</u>交情。"

（595）周围村的姑娘、小伙子都到河北村来找对象、<u>攀</u>亲家。

（596）后来见那位太太怀了孕，他就想借此机会去和她<u>攀</u>个亲家。

（597）养女儿，所以把她钟爱得什么似的，还把她管束得好紧，一心想给她<u>攀</u>一门好亲事。

（598）这种看上去似乎离奇得不可理解的现象，展示了时下一些人的心理：重官位、<u>攀</u>级别。

（二十八）登

1. 与处所有关的"登+O"用例

（599）缅泰交界景东以南经<u>登</u>劳山脉、亘萨尔温江下游至毛淡棉（即摩尔门）一带。

（600）1992年，市卫生局决定调王以萍到妇产医院当业务副院长，找她3次谈话，老院长<u>登</u>家门劝说，都让她拒绝了。

（601）我们对日方非法阻拦中国公民<u>登</u>钓鱼岛并强行将中方登岛人员扣留表示强烈抗议。

（602）日本相扑士来北京<u>登</u>长城，31年前后都是一件理所当然的安排，非常引人关注。

（603）晋谒此陵时，由正红门到碑楼，须<u>登</u>108级石阶。

（604）我想起他在回忆录《权力与生活》中的一句话："我喜欢徒步<u>登</u>高楼"。

（605）栗娟说，9月份参加了<u>登</u>泰山比赛，所以这次登塔就轻松多了。

（606）昨天我们携着手<u>登</u>观音山的石级时的情景，是何等的愉快哟。

（607）诗造高境，譬<u>登</u>险峰，愈上愈难，往往艰于一字、二字。

（608）为了要看个清楚，便爬墙、<u>登</u>阳台，上树，攀铁栅栏，跨烟囱。

附 录

（609）此园树石池沼均佳，结构谨严似尚胜寒碧，赏玩移时，始各散去，独登北寺塔，生长吴下桥下登舟，凡三舱，乌篷画楫，有玻璃窗。

（610）湖南第一师范读书时和同学蔡和森、何叔衡、张昆弟等到湘江游泳常登洲小憩，共论国事，探讨人生，抒发情怀。

（611）三船靠近一个村落时，警察也登了岸，运河的水是那么阴森、悒郁。

（612）我输了，而且哭了。那种滋味美妙得如登仙境啊！

（613）登完一山又一山，目光看向珠穆朗玛峰，一直爬，付出血汗泪，以便早登极乐……

（614）登"建威"练习舰练习航海，远至渤海湾和南洋新加坡、槟榔屿各口岸。

（615）是不是把孩子舍出去，甩掉"包袱"重登舞台？

（616）今日六运会赛事，津门喜鹊登枝，连连报捷。

（617）我所以怕你，是还有虚荣非望之心，企求一旦中举；从今，我便绝了此心，折笔砚、焚四书，永远不登考场！

（618）初登奥运会赛场，虽然只排名第25位……

（619）次年三月，于开平（今内蒙古正蓝旗东北）登蒙古大汗位，建元中统，设中书省，立十路宣抚司。

（620）该校建筑系学生在第15届大学生设计竞赛中再次荣登金榜，获得学生组竞赛第3名。

（621）老莱子最明白这道理，娱亲之后，荣登二十四孝宝座。

（622）也许她是想，哼，也得让佟家闺女生一阵子气吧，谁让我一步登了天呢。

（623）学术性机构中没有多少女性代表；性别课程和性别研究难登大雅之堂，女性学课程和研究的成果往往被认为没有分量。

（624）官员大多是通过进士科发迹的，一考中进士就荣耀非凡，被看作是"登龙门"。

（625）因为，大少奶奶是平时请不到的人物，无事不登三宝殿，大少奶奶必是为什么难事来了。

（626）可是光软也不行啊，他觉着你好欺负，登鼻子上脸哪。

· 185 ·

2. 表结果义的"登+O"用例

（627）自唐贞元八年（792年）至清光绪三十年（1904年）的一千多年间，泉州学术、文章、勋业、道德、政绩、气节诸多方面，代有才俊硕彦，<u>登科举</u>、载志书的人物多达六千多人，其中进士近二千五百人。（http：//art.people.com.cn/GB/11061800.html）

（二十九）跃

1. 与处所有关的"跃+O"用例

（628）汪更新画鱼亦独辟蹊径，一般的画家只画静水鱼，而他擅长画逆水而上的游鱼，颇具动感，红、青、白相杂，都昂首向上，其势如<u>跃龙门</u>，条条各具姿态……

（629）这个俱乐部采用传统庭院式花园形式建成，曲径幽路，画墙环绕，<u>鱼跃水池</u>，花草相间。

（630）"鱼"游四海，"虎"<u>跃全球</u>。

（631）但他自尊、自信的秉性驱使他决定跃"海"一试。

（632）一听喊声，放下三轮车，一手紧握秤砣，一手抓住秤杆，<u>跃门</u>而入，第一个赶到了现场。

（633）铁军们战天斗地，拼勇献技，足跨大江，<u>身跃崇岭</u>，硬是把群山洞穿，让江河飞虹。

（634）多少读书人为了这"状元"的名号，寒窗苦读，期望鱼<u>跃龙门</u>，一举夺魁，从此改变自己一生的命运。

（635）江苏省民政部门大力发展民政经济，福利企业发展迅速，一年<u>跃了一个新台阶</u>。

2. 凸显动作行为发出者的"跃+O"用例

（636）军斯别克说，"就在我按下快门的一瞬，那只雪豹异常灵敏，转眼已经<u>跃身</u>窜过山坳不见了踪影。"

（637）岳永莲随即<u>跃身</u>，疾速伸臂将右手插入刀与被劫持者脖子之间，再翻腕夺刀，如此连贯动作瞬间完成。

（638）采访时，县领导欣喜地告诉记者，全县近年来已有三分之一的农民<u>跃身</u>流通领域，40%的农民靠流通走上了致富道路。

附 录

(639) 岩火龙睁着狼一般恶狠的眼睛，瞪了李菁一眼，使力拉住缰绳，又迅速地<u>跃马</u>进入一<u>丛稀疏的松林</u>中去了。

(640) 120 年之久的女真族，就是从这里跨上了征鞍，创建了金国，最后<u>跃马</u>中原，灭辽蚀宋的。

(三十) 攀登

与处所有关的"攀登+O"用例

(641) 当你<u>攀登黄山</u>、<u>庐山</u>、<u>泰山</u>时，也许都有这样的体会。

(642) 那位当年脚穿草鞋身背炭篓艰难地<u>攀登着陡峭的山路</u>、艰难地攀着人生之路的山里娃子，就是今天这位西装革履神采飞扬的堂堂丈夫。

(643) 过去有的登山运动员在<u>攀登珠穆朗玛峰</u>时，就是因为碰到了雪崩，被掩埋在积雪之中。

(644) 有了架空索道，不论是年老幼小的游客，还是身体虚弱的人，都可以登上高山险峰揽胜，不必<u>攀登崎岖的山路</u>。

(645) 越野汽车车体坚固，离地间隔较大，4 个车轮都有驱动力，轮距大，可<u>攀登60°陡坡</u>和涉浅河。

(646) 包括一些展现香港本地特色的竞技比赛，如闹市寻找消防局、<u>攀登摩天大楼</u>、沙田城门河比赛划艇、在迪士尼乐园竞赛等。

(647) 到过观音山的人都知道，从观音山车站到山下的公路，垂直高度一百多米，若登梯而上，要<u>攀登 300 个台阶</u>。

(648) 旧时形容军士<u>攀登城墙</u>，如蚂蚁附壁而上。

(649) 黄、深灰、浅灰和草绿等，有金黄色的眼圈，趾的尖端有吸盘，用来<u>攀登树木</u>。

(650) 正想往上<u>攀登一座秀美的山峰</u>时，忽然被象征淫欲、强权和贪婪的豹、狮、狼拦住。

(651) 这些有关发展的精辟论述浓缩成了"发展是硬道理"这句精华，引导中国的发展不断<u>攀登一个又一个新的台阶</u>。

(652) 他说："艰苦奋斗，不一定是穿补丁衣服，主要是经受精神的磨砺，<u>攀登事业的高峰</u>！"

(653) 他们在奋勇<u>攀登科学险峰</u>时，音乐成了他们很好的助手。

(654) 第三，要善于学习，勇于创新，努力<u>攀登艺术高峰</u>。

· 187 ·

（655）认真读一读这些书，从中汲取营养，师法世界英才不畏艰辛，敢于攀登知识高峰，勇于探索正确人生之路，努力奋斗，自强不息，为人类的……

（656）当你攀登生命之山时，希望在迎着朝阳的山坡上歌唱……

（657）总是有特别的事情发生，推动我攀登更高的水准。

后　记

书稿经修改至今日之模样，终算是能以"丑媳"之面呈现于大家面前。停笔之时，心情复杂，有喜悦、有酸楚、有感动、有感恩……

书稿在博士论文基础上修改而成，博士论文写作期间，恩师傅爱兰教授以其深厚的学术基础、敏锐的学术眼光和睿智的思维方式，总是能一语中的地指出论文问题所在，让我茅塞顿开，受益匪浅，经由不断否定与重新论证，论文质量得以提升。

感谢硕士导师周士宏老师。初入语言学领域时，自己懵懵懂懂，周老师始终悉心指导，付出了极大的耐心与精力，让我对语言学产生了浓厚的兴趣。在博士论文写作期间，遇到难题求教于周老师时，他总能细致解惑，让我如释重负，继续前行。

感谢我在北京师范大学求学期间遇到的各位老师和同学。老师们渊博的学识、严谨的治学态度和深厚的学术修养，让我敬重有加！同学们时常同我分享与讨论语言学理论的前沿知识与热点问题，让我受益匪浅！在此一并感谢！

感谢负责博士论文审阅的诸位匿名专家！他们在肯定论文价值的基础上，提出了有待改进的问题，这些成为书稿修改时重要的参考意见，我据此并结合相关研究成果对原有内容进行修订，书稿得以进一步完善。

感谢山东财经大学国际教育学院，参加工作以来，学院以家的温暖最大限度地支持青年教师发展，让我在教学之余有精力从事自己喜欢的科研工作，使书稿能够有机会与大家见面。

需要感谢的人还有很多，虽不能一一写明，但感激与感恩之情深藏于心。恳请读者不吝赐教，如有漏引未参之处，敬请海涵。谢谢！

王明月
2022 年初秋于济南